Pensa Como um Génio!

Histórias Inspiradoras de Matemáticos e Cientistas

David E. McAdams

Copyright © 2025 David E. McAdams. Todos os direitos reservados. Nenhuma parte deste documento pode ser copiada, armazenada ou transmitida por quaisquer meios sem consentimento expresso por escrito do detentor dos direitos de autor.

Índice

Guia para Pais..1
Os Exploradores do Caos: Uma Equipa que Ousou Maravilhar-se.7
Sir Isaac Newton – Pensar no que é Normal...................................8
Julia Robinson – A Rainha do "Continuar"..................................10
Zénon de Eleia: Estar Errado Pode Ser Maravilhoso....................11
Eudoxo de Cnido: A Importância da Educação............................12
Al-Khwarizmi: Pouco a Pouco, Passo a Passo.............................14
Arquimedes de Siracusa: O Inventor que Tornou a Vida Melhor..16
René Descartes: O Homem que Misturou Áreas da Matemática..17
Pierre de Fermat: Criador de Mistérios Matemáticos...................18
Maria Gaetana Agnesi: Equilíbrio entre Inteligência e
Benevolência..19
Jing Fang: A Música da Matemática e a Matemática da Lua........21
Blaise Pascal: O Rapaz que Mal Podia Esperar para Aprender.....23
Pierre e Marie Curie: O Poder de Duas Centelhas Brilhantes.......25
Albert Einstein: Movido pela Curiosidade...................................26
Jane Goodall: A Mulher que Entrou na Selva..............................28
Wernher von Braun: O Rapaz que Sonhava com Foguetões........29
C. V. Raman: O Cientista que Pôs a Ciência em Primeiro Lugar..31
George Washington Carver: O Cientista que Partilhou a Sua Luz 33
Barbara McClintock: A Sussurradora do Milho...........................34
Albert Schweitzer: O Homem que Cuidava de Tudo (Até de Si
Mesmo!)...36
Leonardo da Vinci: O Cientista que Rabiscava os Seus Sonhos...37
Florence Nightingale: A Enfermeira que Reparava em Tudo........39
Carl Sagan: O Observador das Estrelas que Fazia Perguntas
Inteligentes...41
Galileo Galilei: O Observador do Céu que Abriu a Mente...........43
Gregor Mendel: O Paciente Colhedor de Ervilhas.......................45
Rosalind Franklin: A Parceira que Resolvia Puzzles....................46
Richard Feynman: O Grande Explicador.....................................48
Michael Faraday: A Faísca da Verdade..49
Johannes Kepler: O Solucionador do Puzzle dos Planetas............50
Nikola Tesla: O Homem que Sonhava em Faíscas.......................52
Chien-Shiung Wu: A Cientista que Não Desistiu.........................53
Rachel Carson: A Cientista que Falou pela Terra.........................55
Alexander Fleming: O Herói Surpresa do Bolor..........................57

Charles Darwin: O Explorador que Não Tinha Medo de Dizer "Ainda Não Sei"..59
Tycho Brahe: O Medidor de Estrelas Extraordinário....................60
Dmitri Mendeleev: Mestre da Ordem num Mundo Químico Caótico...62
Sophie Germain: A Mulher que Perguntava "Porquê?" Vez Após Vez..64
Paul Erdős: O Homem que Amava os Números Mais do que o Sono... 66
Leonhard Euler: O Mágico da Matemática...................................68
James Clerk Maxwell: O Mestre dos Padrões Escondidos............70
Outros livros de David E. McAdams..71

Guia para Pais

Histórias Inspiradoras de Matemáticos e Cientistas e as Virtudes que Eles Ensinam

Este livro é mais do que uma coleção de histórias. É um jardim de ideias: cada conto é uma semente, cada virtude é um rebento de possibilidades. À medida que os nossos filhos escutam, se espantam e imaginam, ajudamo-los a crescer não só em conhecimento, mas também em caráter.

Cada cientista e matemático destas páginas oferece mais do que brilho! Mostram-nos como viver. As suas mentes esticaram os limites do possível, mas as suas virtudes mantiveram-nos com os pés no chão: curiosidade, paciência, imaginação, resiliência e muito mais. Estas não são apenas qualidades de génio, são qualidades de uma boa vida.

Como Usar Este Livro com o Seu Filho

No fim de cada história, faça uma pausa. Faça perguntas como:

- O que é que esta pessoa fez que foi difícil?
- O que a ajudou a continuar?
- Que tipo de pessoa ela estava a tornar-se?
- Como podemos tentar viver essa virtude hoje?

Estas histórias são pontos de partida. Deixe-as florescer em conversas, rabiscos, projetos em família e reflexões. As virtudes crescem melhor quando são vividas em conjunto.

Incentive o seu filho a escrever num diário, desenhar, fazer dramatizações, ou definir metas simples inspiradas em cada história. Isto não são apenas "lições". São oportunidades para construir uma cultura familiar que honra a sabedoria, o espanto e o coração.

Virtudes para Explorar e Praticar em Conjunto

Curiosidade – Marie Curie

Ela fez perguntas que ninguém tinha pensado em fazer.

Experimentem isto: Façam passeios da curiosidade. Mantenham um "Diário dos Porquês" em família. Deixe o seu filho ver-vos a perguntar em voz alta.

Imaginação – Nikola Tesla

Ele sonhou máquinas que dançavam com relâmpagos.

Experimentem isto: Inventem coisas malucas com cartão. Contem histórias de "E se…?" antes de dormir.

Persistência – Julia Robinson

Falhou muitas vezes, mas continuou a tentar, de novo e de novo.

Experimentem isto: Celebrem "dias do erro". Contem histórias dos vossos próprios tropeções. Façam deste o lema da família: "Tenta outra vez, e depois tenta outra vez melhor."

Observação – Florence Nightingale

Ela reparou em padrões que salvaram vidas.

Experimentem isto: Joguem jogos de "reparar". Coletem dados em casa: quem repõe o papel higiénico? Quem dá comida ao gato?

Humildade – Charles Darwin

Ele deixou as provas mudarem as suas crenças.

Experimentem isto: Digam "Eu estava errado" em voz alta. Celebrem a coragem de mudar de ideia.

Precisão – Tycho Brahe

Ele mapeou as estrelas, uma anotação cuidadosa de cada vez.

Experimentem isto: Cozinhem ou façam trabalhos manuais com atenção. Meçam e maravilhem-se. Pratiquem fazer uma coisa devagar e bem.

Educação – Eudoxo de Cnido

Ele aprendeu tudo o que pôde... e depois partilhou.

Experimentem isto: Deixem o vosso filho ensinar-vos algo novo. Falem sobre como aprender é um presente para partilhar.

Aprendizagem Precoce – Blaise Pascal

Ele não esperou. Perguntou cedo e muitas vezes.

Experimentem isto: Perguntem: "O que gostavas de aprender agora?" Depois explorem juntos.

Estar Errado Pode Ser Certo – Zénon de Eleia

Os seus erros acenderam séculos de pensamento.

Experimentem isto: Elogiem o pensamento ousado do vosso filho, mesmo quando está errado. Perguntem: "O que mais poderia ser verdade?"

Pensamento Crítico – Carl Sagan

Ele ensinou as pessoas a questionar com sabedoria.

Experimentem isto: Criem um "Detetor de Tretas" em família. Vejam anúncios ou leiam manchetes e perguntem: "Qual é o truque aqui?"

Descoberta Passo a Passo – Muhammad ibn Musa al-Khwarizmi

Ele construiu a álgebra, uma ideia de cada vez.

Experimentem isto: Quando o vosso filho aprender algo, perguntem: "E depois, o que vem a seguir?" Incentivem a construir por camadas.

Resiliência – Chien-Shiung Wu

Ela ergueu-se acima da rejeição com brilho e elegância.

Experimentem isto: Quando a vida for difícil, digam: "Isso foi duro. E tu continuaste corajoso."

Flexibilidade – Alexander Fleming

Ele reparou na magia do inesperado.

Experimentem isto: Deixem os acidentes virarem aventuras. Sejam abertos a novos caminhos, mesmo que não fossem o plano.

Tornar a Vida Melhor – Arquimedes de Siracusa

Ele melhorou o mundo, uma invenção de cada vez.

Experimentem isto: Perguntem: "O que podíamos tornar mais fácil ou melhor aqui em casa?"

Organização – Dmitri Mendeleev

Ele transformou dados espalhados numa tabela de ordem.

Experimentem isto: Organizem meias. Organizem conchas. Criem um quadro ou caderno de "ideias arrumadinhas".

Espantar-se com o Comum – Isaac Newton

Ele perguntou "Porquê?" quando a maçã caiu.

Experimentem isto: Espantem-se em voz alta, juntos. Porque salta a torradeira? Porque flutuam as nuvens?

Ligar Ideias – René Descartes

Ele juntou álgebra e geometria para criar gráficos.

Experimentem isto: Perguntem: "Como é que estas duas ideias funcionam juntas?" Misturem música com matemática, cozinha com química.

Comunicação – Richard Feynman

Ele fazia a ciência parecer uma brincadeira.

Experimentem isto: Deixem o vosso filho explicar-vos ideias. Celebrem a clareza. Divirtam-se a ensinar uns aos outros.

E Se…? – Pierre de Fermat

Ele imaginou problemas que intrigaram mentes durante séculos.

Experimentem isto: Quando o vosso filho tiver um problema, perguntem: "O que vais tentar?"

Responsabilidade – Rachel Carson

Ela defendeu o mundo selvagem.

Experimentem isto: Cuidem de algo vivo. Perguntem: "Quem, ou o quê, precisa da nossa ajuda hoje?"

Equilíbrio na Vida – Maria Gaetana Agnesi

Ela encontrou tempo para servir e para estudar.

Experimentem isto: Marquem tempo para aprendizagem tranquila e para serviço alegre. Perguntem: "Quem poderia receber a tua bondade hoje?"

Disciplina – Johannes Kepler

Ele passou anos a seguir as curvas do cosmos.

Experimentem isto: Escolham um projeto de longo prazo e acrescentem um bocadinho de cada vez. Celebrem o progresso, não a perfeição.

Mente Aberta – Galileo Galilei

Ele viu o universo com olhos novos, mesmo quando isso lhe custou caro.

Experimentem isto: Recebam opiniões diferentes. Digam: "Vamos olhar outra vez. O que mais pode ser verdade?"

Exploração Maravilhosa – A Cabala do Caos

Eles mergulharam no desconhecido e encontraram beleza escondida.

Experimentem isto: Sigam as perguntas que entusiasmam o vosso filho. Criem espaço para um espanto livre e selvagem.

Combinar Assuntos – Jing Fang

Ele juntou matemática e música para criar harmonia.

Experimentem isto: Procurem ligações surpreendentes: geometria no futebol, padrões na música, ritmo na poesia.

Pensamento Final para Pais

Génio não é um raio que cai do céu. É uma faísca para a vida toda. Tremeluz em perguntas feitas à hora de dormir, em erros tratados com elegância, em corações que ousam maravilhar-se.

Ao ler estas histórias e refletir sobre as virtudes que elas carregam, não está apenas a criar uma criança que sabe ciência. Está a criar um pensador, um sonhador, um fazedor, uma criança que sabe viver com coragem, alegria e sabedoria.

Deixe que estas histórias sejam a sua bússola. E que a virtude seja a aventura da sua família.

Os Exploradores do Caos: Uma Equipa que Ousou Maravilhar-se

Não foi há muito tempo: um grupo de pensadores curiosos reuniu-se na Universidade de Santa Clara, na Califórnia. Entre eles estava um jovem chamado Robert Shaw, que não usava chapéu de feiticeiro... mas tinha, sem dúvida, um cérebro de feiticeiro.

O Robert e os seus amigos não estavam à procura de ouro nem de mapas do tesouro. Eles estavam a explorar algo muito mais estranho: o caos.

Ilustração 1: A Cabala do Caos a explorar o caos

Mas espera... o que é "caos"? Um quarto todo desarrumado? Um dia em que o cabelo decide viver a sua própria aventura? Não! Na ciência, caos é quando algo parece aleatório e impossível de prever, mas lá no fundo... existe um padrão secreto.

O Robert Shaw e o seu grupo não seguiam caminhos comuns. Enquanto outros cientistas estudavam coisas com respostas bem claras, eles perguntavam:

"Porque é que o fumo se enrola em espirais?"

"Porque não conseguimos prever o tempo com perfeição?"

"Conseguimos encontrar ordem na desordem?"

Eles não sabiam onde aquelas perguntas os levariam. Mas isso não os travava. Na verdade... era isso que os entusiasmava! Eles acreditavam que o desconhecido não era algo para temer. Era algo para explorar!

Chamavam-se a Cabala do Caos. "Cabala" é só uma palavra chique para um grupo meio secreto de pessoas que pensam muito. Esta cabala não era assustadora, brilhava de curiosidade. Eles construíam máquinas estranhas, desenhavam gráficos em redemoinho e criavam modelos no computador que pareciam galáxias a fazer passos de dança!

E descobriram que:
- Uma simples torneira a pingar podia comportar-se como um solo de bateria.
- Uma bola a saltar podia seguir um ritmo secreto.
- Até batimentos do coração, planetas e música tinham padrões escondidos dentro do que parecia confuso.

Muita gente gosta de respostas certinhas e arrumadas. A Cabala do Caos não. Eles gostavam de perguntas sem mapa, sem bússola e sem garantia de encontrar "ouro". As suas mentes eram como rovers espaciais, a avançar com coragem para o desconhecido selvagem.

Eles ensinaram-nos que, às vezes, para descobrir algo incrível, é preciso estar à vontade para dizer:

"Ainda não sabemos. Vamos descobrir!"

Com o Robert Shaw e os seus amigos, aprendemos que explorar o desconhecido não é assustador, é emocionante! Que a ciência não é só resolver problemas: é também perguntar, vaguear e dar as boas-vindas às surpresas. E que, escondida até dentro da tempestade mais confusa, pode existir uma dança bonita... se olharmos com atenção.

Por isso, da próxima vez que vires gotas de chuva a correr num vidro, ou folhas a rodopiarem no vento, lembra-te: estás a ver o caos. E talvez, só talvez, também estejas pronto para explorar o caos.

Sir Isaac Newton – Pensar no que é Normal

Sir Isaac Newton era um pensador. Mas não daqueles que só pensam em ideias enormes e malucas, como máquinas do tempo ou dragões feitos de matemática (embora ele talvez achasse isso divertido). Não, Newton adorava pensar nas coisas *comuns*, aquelas que vês todos os dias.

Como cair.

Como saltar.

Como maçãs a cair das árvores.

Como... porque é que não flutuamos para longe da Terra como balões?

A maioria das pessoas nem pensa nisso. Dizem apenas: "Claro que ficamos no chão!" e voltam a brincar... ou a comer a sandes.

Mas Newton não era assim. Ele parava. Olhava fixamente. E perguntava-se:

Ilustração 2: A maçã de Sir Isaac Newton

"Porque é que eu volto sempre para baixo quando salto?" "Porque é que as maçãs caem para baixo e não para o lado... ou para cima?" "Que força invisível é que está a fazer isto?"

Essa força invisível chama-se gravidade, e Sir Isaac Newton ajudou o mundo a compreendê-la.

Há uma história famosa que diz que uma maçã um dia lhe deu uma pancada na cabeça. *Pum!* E, naquele instante, ele começou a pensar na gravidade. Será que essa história é verdadeira? Talvez não. Mas mostra bem como Newton gostava de pensar a sério sobre as coisas que parecem aborrecidas à primeira vista.

Quando ele começou a estudar matemática a sério, Newton ficou confuso. Muito confuso. Quase desistiu. Mas um dia... fez *clique*! Teve uma epifania, um momento súbito de "Ahá!", e, de repente, a matemática passou a fazer sentido.

A partir daí, Newton usou a matemática como um superpoder: explorou o que é normal e abriu portas para segredos do universo.

Por isso, da próxima vez que vires uma maçã a cair, ou saltares e voltares ao chão, ou até tropeçares nos teus próprios pés... sorri um bocadinho. Esse é o mesmo mundo em que Newton pensava. E ele está cheio de mistérios, à espera que *tu* repares neles.

Julia Robinson – A Rainha do "Continuar"

Já alguma vez tentaste e tentaste fazer alguma coisa, ficar em pé numa perna só, dobrar um sapo de papel, ou resolver um puzzle super complicado, e sentiste que simplesmente *não* estava a resultar?

Pois adivinha: Julia Robinson conhecia muito bem essa sensação. Ela era matemática, uma pessoa que resolve puzzles de números mesmo difíceis... como trabalho! E passou anos a trabalhar em problemas que pareciam dizer: "Não me vais apanhar!"

Ilustração 3: Julia Robinson a tentar provar um teorema

A amiga dela, Elizabeth Scott, uma vez brincou que a agenda semanal da Julia era assim:

Segunda-feira – Tentar provar um teorema

Terça-feira – Tentar provar um teorema

Quarta-feira – Ainda a tentar

Quinta-feira – Ainda a tentar

Sexta-feira – O teorema é... ups, **FALSO!**

Sim. A Julia falhou muitas vezes. Mas não desistiu. Isso chama-se persistência: tentar, falhar e depois tentar outra vez... mesmo assim.

E ela já era persistente desde pequena.

Julia ficou muito doente quando era criança. Tão doente que teve de faltar dois anos inteiros à escola. Mas, em vez de desistir, trabalhou com um tutor apenas três dias por semana e recuperou *quatro anos de matéria* num só ano! É como subir quatro degraus de uma vez, enquanto toda a gente sobe um de cada vez.

Mais tarde, ela era a única rapariga nas aulas de matemática e ciências. Naquela época, muita gente achava que raparigas não deviam crescer para ser cientistas ou matemáticas. Mas Julia não ligou. Ela amava matemática e continuou.

Toda a gente esperava que ela fosse professora, porque era isso que as raparigas "deviam" fazer. Mas a Julia tinha outros planos. Tornou-se uma matemática famosa, não por ser "a primeira mulher" a fazer algo, mas porque ficou ao lado de problemas impossíveis até eles deixarem de ser impossíveis.

Julia disse uma vez:

"Eu preferia ser lembrada... simplesmente pelos teoremas que provei e pelos problemas que resolvi."

É uma maneira elegante de dizer: "Eu não quero um troféu por ser a primeira rapariga a correr. Eu quero um troféu por terminar a corrida!"

Por isso, da próxima vez que algo for difícil, lembra-te da Julia. Continua a tentar. Mesmo que seja segunda, terça, quarta, quinta… e mesmo que na sexta a resposta seja "nem pensar". Porque é a persistência que transforma um "não" num: "Eureka! Encontrei!"

Zénon de Eleia: Estar Errado Pode Ser Maravilhoso

Há muito, muito tempo, há cerca de 2.400 anos, viveu um filósofo chamado Zénon de Eleia. Nasceu por volta de 490 a.C. e estudou numa antiga escola de pensamento no que hoje é a Itália. Naqueles tempos, as pessoas não separavam a aprendizagem em disciplinas como fazemos agora. Filosofia, ciência, religião e matemática iam todas juntas, misturadas num grande caldeirão de ideias.

Ilustração 4: Zénon de Eleia a ir até meio

Agora vem a parte divertida: Zénon teve uma teoria que acabou por estar errada... mas de um jeito muito útil!

Zénon acreditava que tudo no universo era um único todo, enorme e impossível de partir. Porquê? Ele imaginou uma caminhada até uma linha de chegada. Primeiro, andas metade do caminho. Depois andas metade do que falta. Depois metade disso. E assim por diante. Zénon dizia que, se o espaço pudesse ser dividido para sempre desse modo, então nunca chegarias realmente ao fim. Por isso, ele concluiu que o universo tinha de ser indivisível.

Só que... adivinha? Ele estava errado. Hoje sabemos que o universo pode ser dividido em pedacinhos minúsculos, e que sim, dá mesmo para chegar ao fim dessa caminhada! Mas o erro de Zénon fez as pessoas pensarem com profundidade. A ideia dele de cortar as coisas em partes cada vez menores levou matemáticos do futuro a estudar infinitésimos, pedacinhos tão pequenos que se aproximam cada vez mais de zero.

E esse tipo de pensamento ajudou a abrir caminho para o cálculo, uma ferramenta poderosa que hoje é usada na ciência, na engenharia, nas viagens espaciais e até na criação de videojogos!

Por isso, mesmo sem acertar totalmente, Zénon ajudou o mundo a dar um salto enorme... só por ter escrito e pensado sobre isso.

Às vezes, estar errado é o primeiro passo para algo incrível.

Eudoxo de Cnido: A Importância da Educação

Já alguma vez tentaste perceber uma coisa... e depois descobriste que outra pessoa já a tinha resolvido? É por isso que aprender com os outros é tão importante, especialmente para cientistas e matemáticos!

Eudoxo de Cnido viveu há cerca de 2.400 anos, numa região que hoje faz parte da Turquia. Era curioso e determinado a aprender o máximo possível. E não se ficou por um livro ou uma única aula: ele fez uma verdadeira aventura educativa por muitos lugares!

Primeiro, estudou matemática e música com um professor chamado Arquitas, numa zona que hoje é a Itália. Depois viajou até à Sicília para aprender medicina com um médico chamado Filíston. Mas ele não parou por aí!

Eudoxo caminhava muitos quilómetros todos os dias só para estudar filosofia e matemática em Atenas, onde o famoso pensador Platão ensinava. Eudoxo era tão pobre que tinha de viver no porto e caminhar até à cidade todos os dias... mas não se importava. Ele queria aprender com os melhores dos melhores.

Ilustração 5: Eudoxo a caminhar até Atenas todos os dias

Mais tarde, foi até ao Egito para estudar astronomia com os sacerdotes de Heliópolis, especialistas em estrelas e planetas. Depois de anos a aprender, finalmente voltou para casa, em Cnido, e construiu o seu próprio observatório, para poder estudar o céu e escrever livros a partilhar tudo o que tinha descoberto.

E porque tinha estudado tanto, Eudoxo conseguiu ensinar outras pessoas, tal como os professores dele o tinham ensinado. Ele até ajudou a resolver um grande problema de matemática! Naquela época, muita gente achava que qualquer número podia ser escrito como uma fração. Mas alguns números, como a raiz quadrada de dois, simplesmente não funcionam assim. Eudoxo inventou uma nova forma de pensar sobre proporções, e isso ajudou matemáticos do futuro a compreender melhor essas ideias.

Eudoxo mostra-nos uma coisa muito importante: Quanto mais aprendes, mais consegues descobrir. E quando aprendes com os outros, não precisas de começar do zero.

É por isso que se diz que cientistas e matemáticos estão *"aos ombros de gigantes"*. Eudoxo subiu a esses ombros ao estudar com dedicação... e depois ajudou outros a subir ainda mais alto!

Al-Khwarizmi: Pouco a Pouco, Passo a Passo

Há muito tempo, na cidade agitada de Bagdade, viveu um homem que adorava resolver problemas. O nome dele era Muhammad ibn Musa al-Khwarizmi (persa: محمد بن موسى الخوارزمي). É um nome comprido, por isso vamos chamá-lo simplesmente Al-Khwarizmi.

Al-Khwarizmi trabalhava num lugar com um nome que parece magia: a *Casa da Sabedoria*. Imagina um edifício

Ilustração 6: Al-Khwarizmi na Casa da Sabedoria

enorme cheio de pergaminhos, mapas, ferramentas e algumas das pessoas mais inteligentes do mundo, todas a partilhar ideias! Era como a escola mais fixe, a biblioteca mais épica e o laboratório de ciência mais incrível, tudo junto.

Al-Khwarizmi não tentava fazer tudo de uma só vez. Ele acreditava em resolver problemas pouco a pouco, passo a passo, até chegar à resposta. Quer estivesse a tentar dividir terras de forma justa, quer estivesse a acompanhar o movimento das estrelas, ele pegava nas coisas uma parte de cada vez.

Quando alguém tinha um problema de matemática difícil, Al-Khwarizmi dizia: "Vamos dividir isto em passos." Ele escreveu um livro famoso chamado Al-Jabr, que ensinava as pessoas a resolver equações, mesmo quando não se conhecia um dos números! Essa ideia ficou conhecida como álgebra, e ainda hoje é usada no mundo inteiro.

Ele pegava num problema confuso e mostrava como equilibrar os dois lados, como se fosse uma balança. Naquela época, ele não tinha símbolos modernos como "×" ou "+". Ele escrevia tudo por extenso, em palavras! Mesmo assim, mostrava como, devagarinho, qualquer problema podia ser resolvido.

Já te perguntaste de onde veio o nosso sistema de números? Al-Khwarizmi ajudou a espalhar o uso dos algarismos hindu-arábicos, o 0 até ao 9 que usamos todos os dias. Antes disso, muitas pessoas na Europa usavam algarismos romanos como X, V e L, muito mais difíceis para fazer contas!

Graças a ele, o mundo começou a usar melhor o valor posicional e o sistema decimal, o que tornou somar, subtrair e dividir muito mais fácil.

Al-Khwarizmi também fez um dos mapas mais precisos do mundo conhecido, para a sua época. Escreveu um livro de geografia que listava a localização de mais de 2.400 cidades! Usando longitudes e latitudes, ajudou as pessoas a perceber onde estavam no globo.

Ele corrigiu erros em mapas mais antigos, como os de Ptolomeu, e até ajudou a criar um mapa gigante para o governante da época, o califa al-Ma'mun. Passo a passo, as suas medições tornaram o mundo um pouco mais exato.

E ele não parou por aí. Escreveu também sobre a Lua, os planetas e as estrelas. Al-Khwarizmi criou tabelas para mostrar como o Sol e os planetas se moviam e ajudou a desenvolver ferramentas como o astrolábio e o relógio de sol, para medir o tempo usando as estrelas e o Sol.

Al-Khwarizmi ensina-nos uma coisa importante: não precisas de fazer tudo de uma vez.

Ele não construiu a álgebra num dia. Estudou ideias antigas da Índia, da Pérsia e da Grécia. Depois acrescentou o seu próprio conhecimento, um passo de cada vez. Como continuou a aprender e a partilhar, o trabalho dele mudou a matemática, a ciência e os mapas durante muitos séculos.

Até as maiores ideias começam pequenas.

Tal como Al-Khwarizmi, tu também podes *avançar: pouco a pouco, passo a passo*.

Arquimedes de Siracusa: O Inventor que Tornou a Vida Melhor

Há muito, muito tempo, lá por 287 a.C., nasceu um rapaz chamado Arquimedes, numa cidade chamada Siracusa, na ilha da Sicília (que hoje faz parte de Itália). Arquimedes adorava tanto matemática que, mesmo quando tomava banho ou quando o massajavam com óleos (sim, as pessoas faziam isso naquela época!), ele rabiscava formas e linhas… na própria pele ou nas cinzas da lareira. Era assim o nível de diversão que a matemática tinha para ele!

Ilustração 7: Arquimedes e o seu raio da morte

Mas Arquimedes não era apenas um sonhador, era um inventor que mudou o mundo. Uma das suas primeiras grandes ideias foi uma máquina chamada parafuso de Arquimedes. Imagina um tubo em espiral que faz a água "subir" ladeira acima. E adivinha? Ainda hoje é usado para ajudar agricultores a regar as suas plantações!

Quando a sua cidade foi atacada, Arquimedes não fugiu, inventou! Criou máquinas malucas para defender Siracusa, como garras gigantes que agarravam navios inimigos, levantavam-nos no ar e atiravam-nos contra as rochas. E diz a história que ele até usou espelhos para refletir a luz do Sol e pôr navios a arder (ou pelo menos tentou!). Ele não fazia isto por brincadeira. Fazia para proteger a sua casa.

Mas Arquimedes não inventou só máquinas. Ele também tornou a matemática mais fácil e mais poderosa. Descobriu como medir formas curvas, como círculos e esferas, criando ideias que ajudaram matemáticos famosos, como Sir Isaac Newton, centenas de anos depois. E criou uma forma de entender como as coisas flutuam na água. Por isso, quando saltas para uma piscina e a água salpica para fora, estás a ver o *Princípio de Arquimedes* em ação!

Ele até inventou um jeito esperto de contar números gigantescos. Tão gigantescos que disse que poderia contar... todos os grãos de areia do universo. *Isso sim é pensar em grande!*

Mesmo podendo mover navios com roldanas e assustar exércitos com as suas invenções, Arquimedes achava que a matemática era a coisa mais bonita de todas. Quando morreu durante um ataque romano, ele ainda estava ocupado... a trabalhar num problema de matemática.

Arquimedes mostrou-nos que imaginação + matemática pode mudar o mundo. Ele acreditava que até as ideias mais difíceis podem tornar a vida melhor, gota a gota, espiral a espiral, forma a forma.

E tu? Gostavas de inventar algo útil também? O que é que construías para tornar a vida mais fácil... ou mais divertida?

René Descartes: O Homem que Misturou Áreas da Matemática

René Descartes foi um pensador que viveu há muito tempo. Nasceu em 1596, em França. Quando era rapaz, muitas vezes sentia-se doente, por isso deixavam-no ficar na cama até mais tarde de manhã. Mesmo em criança, pensava a sério sobre as coisas. Estudou muito na escola e ficou especialmente interessado em matemática. Gostava dela porque era clara, lógica e de confiança.

Ilustração 8: René Descartes a desenhar um gráfico

Mais tarde, Descartes viajou por toda a Europa e leu muitos livros. Mas sentia que a maioria das matérias estava cheia de palpites e confusão. Só a matemática lhe parecia ter um sentido firme. Então teve uma grande ideia: e se usássemos a matemática para compreender o mundo inteiro?

A sua descoberta mais importante foi que ele conseguiu juntar álgebra e geometria, duas áreas da matemática que antes eram totalmente separadas. A geometria era sobre formas e linhas, enquanto a álgebra usava números e equações. Descartes percebeu que, se colocasses números numa grelha (como num gráfico), podias transformar uma forma numa equação... e uma equação numa forma!

Esta ideia incrível levou ao que hoje chamamos Geometria Cartesiana, com o nome do próprio Descartes. É por causa dele que conseguimos desenhar curvas e linhas em papel quadriculado usando equações como $y = x + 2$. Graças a ele, podemos misturar formas com álgebra de um modo que ajuda a projetar edifícios, criar videojogos e até lançar foguetões.

Mesmo tendo estudado filosofia e ciência, esta mistura de álgebra com geometria foi um dos seus maiores presentes para o mundo. Ele mostrou que diferentes tipos de matemática podem trabalhar juntos, e essa descoberta ajudou a matemática a crescer de formas absolutamente incríveis.

Pierre de Fermat: Criador de Mistérios Matemáticos

No sul ensolarado de França, vivia um advogado curioso chamado Pierre de Fermat. Durante o dia, resolvia assuntos de leis em Toulouse. Mas à noite... ah, à noite, a sua mente passeava por um reino mágico de números, formas e puzzles irresistíveis.

Fermat não estava apenas a resolver problemas. Ele estava a inventar problemas novos! Nem sempre escrevia explicações completas ou textos bem "arrumadinhos". Em vez disso, rabiscava notas nas margens dos livros e enviava cartas aos amigos com coisas do género: "Aqui vai um enigma. Vê se consegues resolver!" Esses desafios eram mais do que simples exercícios de matemática. Eram sementes, perguntas pequeninas que podiam crescer e tornar-se descobertas gigantes... e às vezes só floresciam centenas de anos depois.

Uma dessas sementes? O seu famoso e misterioso Último Teorema de Fermat: "Não existem três números inteiros A, B e C que satisfaçam a equação $A^n + B^n = C^n$ para qualquer número inteiro n maior do que 2."

Ele disse que tinha uma prova... mas não deixou nenhum rasto dela. E essa notinha lançou uma caça ao tesouro de 350 anos, que levou à criação de ramos inteiros da matemática, até que finalmente foi demonstrado por Andrew Wiles, em 1994.

Ilustração 9: Pierre de Fermat a escrever nas margens de um livro

Mas Fermat não era só "teoremas gigantes". Ele também teve um papel importante na criação do cálculo, explorou a probabilidade com Blaise Pascal (sim, esse Pascal!), e brincou com a física da luz, criando o Princípio de Fermat: a luz segue o caminho que demora menos tempo.

Mas a verdadeira magia? Fermat mostrou ao mundo que fazer uma boa pergunta pode ser ainda mais poderoso do que já saber a resposta. Os seus puzzles difíceis frustraram, inspiraram e deixaram maravilhadas gerações de matemáticos. E, desse modo, ele ensinou-nos uma das maiores verdades de todas:

Uma única pergunta, bem feita e cheia de espanto, pode ecoar através dos séculos, convidando mentes curiosas a pensar, explorar e descobrir o desconhecido.

Maria Gaetana Agnesi: Equilíbrio entre Inteligência e Benevolência

Em Milão, Itália, no ano de 1718, nasceu uma menina chamada Maria Gaetana Agnesi, numa casa cheia de música, dinheiro e... mais de vinte irmãos! (Sim: vinte e um filhos no total!) Mas Maria não era uma criança qualquer. Era um supercérebro dentro de um vestido elegante.

Aos cinco anos, Maria já falava italiano e francês. Aos onze, fazia demonstrações em sete línguas, como se fosse um arco-íris humano de palavras! O seu apelido? "A Oradora de Sete Línguas." Falava tão bem que dava luta a papagaios e professores.

Maria gostava tanto de aprender que estudava com tanta força que… ficou doente por causa disso. Os médicos disseram-lhe para ir dançar e andar a cavalo. Mas achas que isso a impediu de pensar em problemas de matemática enquanto galopava? Nem pensar!

Ilustração 10: Maria Gaetana Agnesi a cuidar de um homem doente

Quando não estava a ajudar os muitos irmãos com os trabalhos de casa, Maria mergulhava no mundo dos números. Aos catorze anos, já lia sobre balística e geometria. (Muita gente só ouve essas palavras pela primeira vez na universidade!)

Aos quinze, o pai fazia festas chiques, e Maria deixava os homens mais inteligentes de Milão de boca aberta com a sua cabeça brilhante. Ela defendeu 190 ideias grandes e difíceis, como se tivesse vencido 190 debates seguidos.

Mas Maria não queria coroa nem castelo. Queria ajudar pessoas e servir Deus. Então fez um acordo: se pudesse fazer a sua matemática em casa, em paz, também ajudaria os pobres. E cumpriu. Cada conta que fazia vinha com uma dose de bondade.

Maria escreveu um livro enorme de matemática chamado *Instituzioni Analitiche*, um guia tanto para o cálculo diferencial como para o cálculo integral. É o tipo de matemática que os cientistas ainda usam para estudar tudo, de foguetões a montanhas-russas! O livro era tão bom que ela recebeu mensagens de admiração de um papa, de uma rainha e de muitas outras pessoas importantes.

E há até uma curva matemática com um nome engraçado por causa dela: *"A Bruxa de Agnesi."* Não é assustadora, é uma curva inteligente e elegante, tal como a mente da Maria.

Mais tarde, Maria deixou de publicar matemática e começou a "publicar" amor: ajudou doentes, idosos e pessoas sem casa. Deu os seus bens, chegou a pedir doações e fundou um lar para idosos, onde ela própria viveu com a humildade de uma freira.

Ela morreu em 1799, não cheia de riquezas, mas rica em propósito.

Maria mostrou ao mundo que é possível ser inteligente e bondosa, matemática e humanitária. Provou que a mente e o coração podem trabalhar juntos, como duas mãos a ajudar o mundo.

Por isso, da próxima vez que equilibrares uma equação de matemática ou ajudares um amigo, lembra-te da Maria: a génio dos números que dominou a arte do equilíbrio.

Jing Fang: A Música da Matemática e a Matemática da Lua

Há muito tempo, na China antiga, há cerca de dois mil anos, viveu um homem chamado Jing Fang (京房) que acreditava que os números não serviam apenas para contar ovelhas. Eles podiam desbloquear segredos da *música*, das *estrelas* e até *da Lua*!

Jing Fang não era um pensador "normal". Era um mestre em misturar matemática com música. Imagina calcular

Ilustração 11: Jing Fang, matemática e música

notas como quem resolve puzzles! A trabalhar para o Bureau de Música do imperador, ele descobriu algo quase mágico: se juntares 53 quintas perfeitas (um tipo especial de intervalo musical), isso fica quase exatamente igual a 31 oitavas (a mesma nota, só cada vez mais alta). Era uma descoberta incrível, como dar uma volta perfeita e acabar mesmo no ponto de partida!

Para chegar a isso, ele usou números grandes e truques engenhosos, a dividir e a somar, uma e outra vez. Era como uma receita musical feita com matemática em vez de farinha e ovos. E mesmo com "apenas" cerca de seis algarismos de precisão, o resultado ficava tão perto do perfeito que as pessoas mal conseguiam ouvir a diferença. O trabalho dele ajudou a compreender a afinação musical de um jeito que ninguém tinha conseguido antes. E adivinha? Demorou mais de 1.600 anos até alguém na Europa chegar a uma ideia parecida!

Mas a música não era a única paixão de Jing Fang. Ele também olhava para o céu e percebeu algo muito fixe sobre a Lua: ela não brilha sozinha. Ela reflete a luz do Sol, como um espelho gigante e luminoso! Ele até sabia que a Lua era redonda, como uma bola, muito antes de muita gente acreditar nisso.

E ainda há mais. Jing Fang era fascinado por um livro antigo cheio de sabedoria e mistério chamado *Yijing* (também conhecido como *I Ching*), com hexagramas e padrões enigmáticos. Ele usou matemática para explorar esses padrões e até fazia previsões com base neles. Dá para dizer que ele via a matemática como uma chave mágica para abrir *tudo*: som, espaço, tempo e mudança.

Infelizmente, a vida de Jing Fang terminou de forma trágica, mas as suas ideias continuaram, a voar através dos séculos, a inspirar cientistas e músicos.

Por isso, se tu gostas de números, música, estrelas, ou de resolver mistérios... então já estás a dançar ao ritmo da canção de Jing Fang.

Blaise Pascal: O Rapaz que Mal Podia Esperar para Aprender

Em França, numa cidade chamada Clermont, nasceu um menino chamado Blaise Pascal, no dia 19 de junho de 1623. Mal o mundo imaginava que este rapaz iria tornar-se uma das mentes mais brilhantes da matemática, da ciência e da filosofia... antes sequer de fazer 40 anos!

Quando Blaise tinha apenas três anos, a mãe dele morreu, e o pai, Étienne, tomou conta dele e das suas irmãs. Étienne tinha ideias muito fortes (e um bocado estranhas!) sobre educação. Ele decidiu que Blaise não devia estudar matemática até aos 15 anos. Isso mesmo: *matemática proibida!*

Ilustração 12: Blaise Pascal mostra algo ao pai

Mas Blaise era *curioso*. Perguntava-se que poder secreto teria a matemática para ter de ser escondida. Por isso, em segredo, aos 12 anos, começou a estudá-la *sozinho*. Um dia, surpreendeu o pai ao mostrar uma descoberta: os ângulos de um triângulo somam sempre dois ângulos retos! Étienne ficou tão impressionado que cedeu e entregou a Blaise um livro do grande matemático Euclides. Blaise tinha acabado de abrir um verdadeiro baú do tesouro matemático.

Aos 14 anos, Blaise começou a acompanhar o pai em reuniões cheias de pensadores brilhantes em Paris. Imagina um adolescente a conviver com mestres da matemática e filósofos em vez de estar só a jogar! Aos 16, deixou aquele grupo de boca aberta com algo chamado *Hexágono Místico de Pascal*, uma forma maluca e cheia de segredos, ligada a um ramo da matemática chamado geometria.

Quando se mudaram para Rouen, Blaise começou a ajudar o pai a recolher impostos. Mas acompanhar todas as moedas, livros, sols e deniers, era uma confusão de contas. Então Blaise construiu uma coisa incrível: uma máquina que somava e subtraía números! Chamava-se Pascalina, e parecia uma versão antiga de uma calculadora. Ele tinha apenas 19 anos.

Mas Blaise ainda não tinha acabado. Ele queria saber por que razão o ar e a água se comportam como se comportam. Estudou a pressão, provou que o vácuo pode existir, e até discutiu com o famoso filósofo René Descartes sobre o "espaço vazio". (Descartes disse que Pascal tinha "vácuo a mais na cabeça". Ai!)

Depois vieram mais descobertas. Ele percebeu como os líquidos empurram as coisas (hoje chamado Lei de Pascal) e estudou a forma de gotas de água, linhas curvas e círculos a girar. E ainda trabalhou com outro pensador famoso, Pierre de Fermat, para criar a área da probabilidade, a matemática por trás de jogos, palpites e "qual é a hipótese?"

Infelizmente, Blaise estava muitas vezes doente, mas nunca parou de pensar. Mesmo na cama, escrevia cartas sobre jogos de dados e puzzles matemáticos complicados. Uma noite, depois de um acidente assustador com uma carruagem, Blaise teve um momento espiritual muito forte. A partir daí, dedicou grande parte da vida a escrever sobre fé, esperança e grandes perguntas sobre Deus.

Nos seus últimos anos, mesmo assim, ele ainda não resistia à matemática. Criou um concurso sobre uma forma especial chamada cicloide e chegou a resolver problemas que outros não conseguiam.

Blaise Pascal morreu com apenas 39 anos, mas já tinha feito o trabalho de muitas vidas. Mostrou que começar cedo, manter a curiosidade e correr atrás das ideias pode iluminar o mundo. Quer estejas a perguntar "Qual é o ângulo?" ou "Qual é o sentido da vida?", Blaise provou que nunca é cedo demais para começar a fazer grandes perguntas.

Pierre e Marie Curie: O Poder de Duas Centelhas Brilhantes

Em Paris, França, viviam dois cientistas muito curiosos: Pierre e Marie Curie. E estes não eram cientistas "normais", daqueles de bata e óculos de proteção (bem... talvez tivessem bata). Eram super-cientistas, cheios de espanto, determinação e amor pela aprendizagem. Quando juntaram forças, parecia que as suas ideias brilhavam!

Ilustração 13: Marie e Pierre Curie no laboratório

Marie nasceu longe, na Polónia. Naquela época, as raparigas nem sempre podiam estudar como os rapazes. Mas Marie adorava aprender. Lia livros como se fossem mapas do tesouro. Lia até tarde da noite, juntando cada moeda que podia para aprender mais. Um dia, mudou-se para Paris para correr atrás do sonho de ser cientista. Ela ainda não sabia... mas estava prestes a conhecer alguém que mudaria a sua vida.

Pierre era um pensador calmo que gostava de longas caminhadas e de ideias grandes. Estudava como as coisas se movem e por que razão o mundo funciona como funciona. Era inteligente, sim. Mas, mais do que isso, era bondoso e atencioso. Quando Pierre conheceu Marie, percebeu logo: "Uau... ela é brilhante."

E adivinha? Marie também achou que ele era bastante brilhante.

Eles não se apaixonaram por flores e chocolate. Não. Eles apaixonaram-se por ciência! Começaram a trabalhar juntos imediatamente. Estudaram coisas invisíveis chamadas radiação, energia e partículas minúsculas que vêm de certas rochas especiais.

Naquela época, quase ninguém entendia isso, mas Pierre e Marie estavam decididos a descobrir.

Trabalhavam num barracão frio e poeirento. Nada de ferramentas sofisticadas. Nada de máquinas enormes. Só cérebro, trabalho de equipa e uma curiosidade teimosa. Hora após hora, dia após dia, mexiam panelas cheias de rocha esmagada, à procura de algo novo.

E encontraram.

Juntos, Pierre e Marie descobriram dois elementos completamente novos: polónio (com o nome da terra natal de Marie) e rádio (que até brilhava!). Tinham revelado algo poderoso, misterioso, algo que ninguém tinha visto antes.

Eles não trabalhavam apenas lado a lado. Partilhavam ideias, ajudavam-se e tornavam-se melhores um com o outro. Isso chama-se *sinergia*: quando um mais um dá... muito mais do que dois!

Em 1903, Pierre e Marie receberam juntos o Prémio Nobel da Física. Fizeram história não só pelo que descobriram, mas pela forma como o fizeram: com cooperação, confiança e um amor partilhado pela aprendizagem.

Mesmo depois de Pierre morrer, Marie continuou a trabalhar, a descobrir e a ensinar. Tornou-se a primeira pessoa de sempre a ganhar dois Prémios Nobel em ciência.

Então, o que tornou Pierre e Marie tão bem-sucedidos?

Eram inteligentes, sim. Trabalhadores? Sem dúvida. Mas, acima de tudo, *juntaram as suas forças*. Ouviam-se. Incentivavam-se. E acreditavam que a ciência, e a vida, ficam melhores quando as pessoas trabalham juntas.

E isso é *sinergia*.

Albert Einstein: Movido pela Curiosidade

O que é que acontece quando misturas cabelo selvagem, um sorriso sonhador e um milhão de perguntas que nunca desistem?

Aparece Albert Einstein, o rapaz que não conseguia parar de se maravilhar.

Albert nem sempre foi o melhor aluno. Não gostava de decorar factos nem de estar quieto. Mas, dentro da cabeça dele, havia movimento a sério. O cérebro dele zumbia como uma colmeia!

Ele ficava a olhar para uma bússola durante horas, a pensar: "Porque é que a agulha aponta sempre para norte?" Imaginava-se a correr ao lado de um feixe de luz. Perguntava coisas como: "O que é o tempo? E será que ele anda sempre à mesma velocidade?"

Muita gente pararia quando as perguntas ficassem grandes demais. O Albert não. A curiosidade dele era mais forte do que a confusão.

Ilustração 14: Albert Einstein a pensar sobre o tempo

Em vez de apenas ler respostas, Albert perseguia ideias.

Ele inventava experiências mentais incríveis, como sonhos acordados com matemática. Imaginava relógios em naves espaciais, elevadores a flutuar no espaço e a luz a saltar como uma bola de ténis. A cada ideia estranha, ele chegava mais perto de perceber como o universo realmente funciona.

Foi assim que ele criou a Teoria da Relatividade. A Teoria da Relatividade é uma das ideias mais espantosas da ciência. Mudou a forma como vemos o tempo, o espaço e até a gravidade!

Tudo porque ele perguntou: "E se...?"

Albert não se tornou grande por ter sempre as respostas certas. Tornou-se grande porque nunca parou de fazer perguntas. Mesmo já velho, com cabelo branco e olhos gentis, ele disse:

> *"Não tenho nenhum talento especial. Sou apenas apaixonadamente curioso."*

A curiosidade era o combustível da mente dele, como combustível de foguetão para os seus pensamentos!

Da próxima vez que olhares para as estrelas, para um pião a girar, ou até para uma bolha no banho... faz uma pergunta. Persegue a resposta. Deixa o teu espanto guiar o caminho. Porque nunca se sabe: um pequeno "Porquê?" pode iluminar o mundo.

Jane Goodall: A Mulher que Entrou na Selva

Há pessoas que esperam pelo momento certo.

Há pessoas que esperam que alguém lhes diga o que fazer.

E a Jane Goodall? Ela pegou no caderno, meteu os binóculos na mochila e entrou diretamente na selva. Esta é a história de como uma mulher corajosa decidiu que não precisava de permissão para seguir o seu sonho.

Ilustração 15: Jane Goodall e chimpanzés

Jane era uma menina curiosa que amava animais mais do que tudo. Lia livros sobre o Tarzan e imaginava-se a viver no meio da natureza selvagem.

Levava minhocas para a cama, via formigas a marchar pelo jardim, e uma vez escondeu-se num galinheiro durante horas só para descobrir como as galinhas punham ovos!

Enquanto outras crianças queriam ser astronautas ou padeiros, Jane queria viver com os animais e aprender os seus segredos.

Jane não foi para uma escola de ciência chique. Na verdade, as pessoas diziam-lhe: "Tu és só uma rapariga. Não podes ir para África." Mas Jane não ficou à espera. Trabalhou muito, juntou dinheiro e arranjou maneira de entrar num barco rumo ao Quénia.

Quando chegou lá, conheceu um cientista famoso que viu a paixão dela e lhe deu uma oportunidade. Foi aí que tudo começou a sério. Jane foi para dentro das florestas da Tanzânia para estudar chimpanzés, não em jaulas, mas na natureza, onde eles viviam de verdade.

Jane não tinha ferramentas super tecnológicas. Tinha paciência, um caderno e muitas sandes de manteiga de amendoim.

Ficava horas e horas em silêncio, a observar os chimpanzés a balançar, brincar, discutir e abraçar-se. Aos poucos, eles começaram a confiar nela.

E adivinha? Jane fez descobertas incríveis:

- Os chimpanzés usam ferramentas, tal como os humanos!
- Eles sentem emoções, como alegria e tristeza.
- Têm "nomes", personalidades e famílias!

Ninguém tinha visto aquilo daquela forma antes. Mas Jane viu, porque estava lá, a observar, a perguntar-se... e a agir.

Jane não se sentou à espera que o mundo lhe desse um mapa. Ela fez o seu próprio caminho. Foi proativa. ou seja, fazia as coisas acontecerem. Mostrou-nos que não é preciso ser barulhento para ser corajoso. Basta importar-se, agir e continuar.

Ainda hoje, Jane viaja pelo mundo, a proteger animais e a ensinar crianças que elas também podem fazer a diferença.

Ela diz:

"Cada indivíduo importa. Cada indivíduo tem um papel a desempenhar."

E isso quer dizer que *tu* também podes ser como a Jane. Podes ser curioso. Podes cuidar. Podes fazer algo grande, mesmo que comece pequenino.

Wernher von Braun: O Rapaz que Sonhava com Foguetões

Quando Wernher von Braun era rapaz, ele não olhava apenas para as estrelas... ele mirava nelas.

Enquanto outras crianças sonhavam em empinar papagaios de papel ou construir carrinhos, o pequeno Wernher olhava para a Lua e pensava: "Como é que eu chego lá?"

Foi assim que ele *começou com o fim em mente*, não só para construir foguetões, mas para levar pessoas ao espaço.

Wernher nasceu na Alemanha, em 1912. Adorava livros sobre o espaço e histórias de ficção científica. Uma vez, amarrou foguetes de fogo-de-artifício a um carrinho de brinquedo só para ver o que acontecia (spoiler: andou a grande velocidade... mas não de forma segura!).

Ilustração 16: Wernher von Braun e o seu foguetão

À medida que crescia, lia mais, estudava mais e fazia montes de perguntas sobre movimento, velocidade, gravidade e combustível. Ele não estava apenas a brincar. Estava a planear. Cada ideia, cada desenho, cada teste de foguetão era um passo em direção ao grande objetivo: viajar no espaço.

Wernher não se tornou cientista espacial de um dia para o outro. Construiu foguetões que não funcionavam. Testou motores que explodiam. Mas continuou a aprender, continuou a consertar... e manteve sempre os olhos no céu.

Mais tarde, durante a Segunda Guerra Mundial, trabalhou em foguetões para a Alemanha. Mas, depois da guerra, mudou-se para os Estados Unidos. E o sonho continuava lá dentro: levar seres humanos ao espaço.

Wernher juntou-se à NASA, onde ajudou a projetar o foguetão Saturn V, o maior e mais forte foguetão alguma vez construído. Ele não só voava, ele levava astronautas até à Lua!

Em 1969, quando a Apollo 11 descolou, Wernher viu o seu sonho levantar voo. Passo a passo, plano a plano, ele tinha tornado o impossível possível. Começou com o fim em mente e seguiu em frente até chegar a esse fim.

Wernher von Braun disse uma vez:

"Aprendi a usar a palavra impossível com a maior cautela."

Ele começou com uma visão e depois trabalhou "de trás para a frente", construindo tudo com o objetivo final em mente. É assim que os grandes sonhos nascem. E é assim que se tornam reais.

E tu, tens um sonho? Construir alguma coisa? Descobrir alguma coisa? Chegar a um lugar onde ninguém foi antes? Então faz como o Wernher:

1. Imagina (*começa com o fim em mente*)
2. Planeia.
3. Faz.

E não pares... até o teu foguetão chegar às estrelas.

C. V. Raman: O Cientista que Pôs a Ciência em Primeiro Lugar

Na Índia, havia um rapaz que adorava luz. Não lâmpadas. Não lanternas. Mas... a própria luz: a luz do sol nas folhas, o luar na água, e a maneira como a luz podia saltar, dobrar-se ou mudar de cor.

Ilustração 17: C. V. Raman à luz de velas

Esse rapaz chamava-se Chandrasekhara Venkata Raman, mas quase toda a gente o conhece como C. V. Raman. Ele cresceu e tornou-se um dos cientistas mais brilhantes do mundo. E chegou lá fazendo uma coisa muito importante: pôs as coisas mais importantes em primeiro lugar.

Quando Raman era novo, era *super inteligente*. Terminou a escola cedo e entrou na universidade ainda adolescente!

Mas Raman não perdia tempo a exibir-se. Enquanto outros estudantes jogavam ou faziam sestas, Raman ia para a biblioteca. Lia revistas científicas por diversão e fazia perguntas malucas como:
- Porque é que o céu parece azul?
- O que acontece quando a luz bate na água?
- Será que a luz nos pode contar segredos?

Ele não era só curioso. Era focado.

Depois da universidade, Raman trabalhou como funcionário do governo. Era um trabalho cheio de tarefas, mas adivinha? Ele não parou de fazer ciência.

Usava cada momento livre, hora de almoço, noites, fins de semana, para visitar laboratórios, fazer experiências e escrever artigos de investigação. Raman não dizia: "Estou cansado demais." Dizia: "Isto é importante para mim."

Ele sabia qual era o seu sonho e arranjava tempo para ele. Isso é pôr o essencial em primeiro lugar.

Um dia, numa viagem de navio, Raman reparou na forma como a luz "dançava" no oceano. E começou a perguntar-se: *o que acontece exatamente quando a luz passa pela água?*

Ele fez experiências. Usou luz do sol, frascos de vidro e muita força de pensamento. E depois... BUM! Descobriu algo completamente novo: a luz pode mudar de cor quando se espalha ao atravessar certos materiais. Isso ficou conhecido como o *Efeito Raman*, e mudou para sempre a forma como os cientistas estudam a luz!

Em 1930, Raman tornou-se o primeiro cientista asiático a ganhar o Prémio Nobel da Física, tudo porque manteve o foco no que realmente importava.

Raman não tentou fazer tudo ao mesmo tempo. Ele escolheu o que era importante e deu o seu melhor.

Por isso, da próxima vez que estiveres a pensar no que fazer:
- Faz os trabalhos de casa antes de ver desenhos animados.

- Treina o teu talento antes do grande momento.
- Persegue os teus sonhos, um passo focado de cada vez.

Porque, *quando pões o essencial em primeiro lugar,* a tua luz também vai brilhar, tal como a de Raman.

George Washington Carver: O Cientista que Partilhou a Sua Luz

Há muitos anos, havia um rapaz chamado George que amava plantas mais do que tudo. Ele falava com flores, estudava folhas e sonhava em ajudar o mundo a ficar mais verde e melhor.

Esse rapaz cresceu e tornou-se George Washington Carver, cientista, professor e inventor, que acreditava que, quando ajudamos os outros, todos crescemos juntos.

Ilustração 18: George Washington Carver a ensinar

George nasceu na escravidão, mas não deixou que isso o parasse. Trabalhou muito para aprender tudo o que podia sobre plantas e ciência. Ele acreditava que o conhecimento é um presente feito para ser partilhado.

Ele descobriu mais de 300 usos para o amendoim, não só para manteiga de amendoim, mas também para coisas como tinta, cola e até borracha! Mas George não registou patentes para a maioria das suas invenções. Porquê? Porque queria que toda a gente pudesse beneficiar delas.

No sul dos Estados Unidos, muitos agricultores estavam a sofrer. A terra estava cansada de produzir sempre a mesma coisa: algodão. George ensinou-os a plantar amendoins e batatas-doces, o que ajudava o solo a recuperar e dava aos agricultores novas colheitas para vender.

Ele criou uma sala de aula móvel chamada "Carruagem Jesup" (Jesup Wagon), para levar educação diretamente aos agricultores. George acreditava que, quando os agricultores têm sucesso, toda a comunidade fica mais forte.

George disse uma vez:

> *"Não é o estilo da roupa que se usa, nem o tipo de automóvel que se conduz, nem a quantidade de dinheiro que se tem no banco que importa. Isso não significa nada. O que mede o sucesso é simplesmente o serviço."*

Ele mostrou que o verdadeiro sucesso vem de ajudar os outros a ter sucesso também.

- **Partilha o teu conhecimento**: quando ajudas alguém a aprender, todos ficam mais inteligentes.
- **Pensa nos outros**: quando fazes escolhas, considera como elas afetam as pessoas à tua volta.
- **Cresce em conjunto**: o sucesso é mais doce quando é partilhado.

Por isso, sê como George. Planta sementes de bondade, rega-as com conhecimento... e vê crescer um jardim de coisas boas!

Barbara McClintock: A Sussurradora do Milho

A maioria dos cientistas usa microscópios. Alguns usam cadernos. Barbara McClintock usava mais uma coisa: muita *paciência*. Ela não olhava apenas para as plantas. Ela ouvia-as. E aquilo que elas "lhe disseram"? Mudou tudo o que sabemos sobre genes!

Barbara nasceu em 1902 e, desde o início, adorava resolver enigmas. Não se interessava por bonecas nem por vestidos. Ela estava ocupada a desmontar coisas para descobrir como funcionavam.

Quando cresceu, estudou ciência, mesmo quando muita gente achava que raparigas não deviam. Mas Barbara não deixou que isso a travasse. Seguiu a sua curiosidade até ao campo... ao milharal, para ser exato.

Barbara passou *anos* a estudar milho. Não só como ele cresce, mas como os *genes* funcionam. Sabes aqueles pontinhos coloridos nos grãos de milho? Eles não eram apenas bonitos, eram *pistas*. Pistas sobre como a informação passa de uma planta para a seguinte.

Barbara olhou bem fundo dentro das células do milho com um microscópio e reparou em algo estranho... *os genes estavam a mexer-se!* Estavam a saltar de um lugar para outro. Ninguém tinha visto aquilo antes.

Ilustração 19: Barbara McClintock a estudar milho

Quando Barbara contou a outros cientistas, eles disseram: "Genes não podem saltar! Isso não faz sentido!" Mas Barbara não ficou zangada. Não gritou nem discutiu. Continuou apenas a ouvir: o milho, os dados, a verdade.

Ela queria compreender, não queria que a compreendessem logo de imediato. E, com o tempo, o mundo foi alcançando o passo dela.

Anos depois, os cientistas perceberam que Barbara tinha razão desde o início. A sua descoberta dos genes saltadores (também chamados transposões) ajudou a explicar como os genes podem mudar e adaptar-se. Em 1983, muitos anos depois, ela ganhou o Prémio Nobel de Fisiologia ou Medicina!

Barbara não tinha pressa. Não gritava para ser ouvida. Ela escutava com atenção e deixava a natureza guiá-la.

Por isso, da próxima vez que estiveres curioso:

- Observa com cuidado.
- Faz perguntas.
- Ouve primeiro. Depois fala.

Porque, às vezes, os pensadores mais pacientes fazem as maiores descobertas.

Albert Schweitzer: O Homem que Cuidava de Tudo (Até de Si Mesmo!)

Numa pequena vila em França chamada Kaysersberg, nasceu um bebé que iria crescer e ajudar o mundo, e a si próprio, de formas incríveis.

Albert era uma criança curiosa, com uma mente tipo esponja. Fazia perguntas como: "Porque é que vivemos?" e "Como é que posso ajudar as pessoas?" Lia livros, estudava música e até aprendeu a tocar um órgão enorme com tanta beleza que, se os pássaros o tivessem ouvido, talvez até dançassem nas árvores.

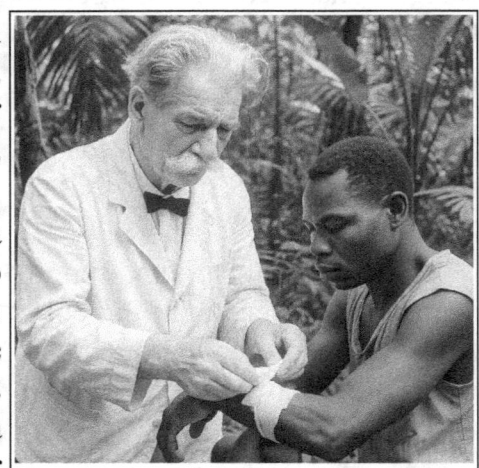

Ilustração 20: Albert Schweitzer a enfaixar uma ferida

Albert gostava tanto de aprender que conseguiu não um, nem dois, mas três diplomas universitários: em filosofia, música e teologia (o estudo de Deus e de assuntos espirituais). Depois, aos 30 anos, fez uma coisa ousada: voltou a estudar para se tornar médico! "Se eu quero ajudar o mundo", disse ele, "também preciso de aprender a curar pessoas." Então estudou medicina para treinar ainda mais a sua mente.

Ser médico em África não era nada fácil. Albert construiu um hospital na selva e ajudou milhares de pessoas. Carregava água, cortava lenha e tratava doentes o dia inteiro. Mas também fazia questão de comer bem, descansar quando podia e alongar as costas depois de um dia longo curvado sobre camas de hospital. Ele acreditava que cuidar do próprio corpo o ajudava a cuidar melhor dos outros.

Albert acreditava numa ideia a que chamava "Reverência pela Vida". Isso significa cuidar de todos os seres vivos, pessoas, animais e até insetos pequeninos! Tratava toda a gente com bondade, não importava de onde vinham nem quão pobres eram. O coração dele era tão grande como a selva à sua volta.

Albert também tocava órgão para se sentir em paz. Quando as coisas ficavam stressantes (e ficavam!), ele tocava música de Bach e deixava as notas elevarem o seu espírito. Também rezava e escrevia livros sobre bondade e paz. Acreditava que ajudar os outros era uma das melhores formas de sentir alegria por dentro.

Então, o que podemos aprender com o Dr. Albert Schweitzer? Que a melhor maneira de ajudar o mundo é *começar por nós*. Cuida da tua mente com aprendizagem, do teu corpo com movimento e descanso, do teu coração com bondade, e do teu espírito com paz.

Depois, como Albert, vais estar pronto para mudar o mundo, com tudo o que és!

Leonardo da Vinci: O Cientista que Rabiscava os Seus Sonhos

Numa pequena vila chamada Vinci, em Itália, nasceu um rapaz que não conseguia parar de desenhar, construir, pensar e maravilhar-se. O nome dele era Leonardo e... uau! O cérebro dele estava sempre em modo turbo!

A maioria das pessoas conhece Leonardo da Vinci por pintar a Mona Lisa com aquele sorriso misterioso, ou A Última Ceia com doze convidados surpreendidos. Mas sabias que ele também era um cientista

Ilustração 21: Leonardo da Vinci e o seu helicópter

com uma imaginação totalmente fora do comum? Ele não pensava "fora da caixa". Ele desenhava uma caixa melhor, transformava-a num helicóptero e imaginava-se a voar até à Lua!

Leonardo não foi a escolas chiques nem aprendeu ciência num laboratório moderno. Ele aprendeu ao observar com atenção pássaros, flores, rios e até minhocas a contorcer-se. Encheu caderno atrás de caderno com desenhos de músculos, máquinas, ossos, bolhas e morcegos. Estudou como a água corre e como as pessoas andam. Ele queria saber *tudo*!

Ele perguntava:

"Como é que um pássaro bate as asas?"

"Será que consigo construir uma máquina que voe?"

"O que é que existe dentro do corpo humano?"

Leonardo inventou máquinas que ainda nem existiam na sua época:

- Um "helicóptero" que parecia um parafuso voador
- Um paraquedas com forma de pirâmide
- Um cavaleiro robótico que podia sentar-se e acenar
- Um fato de mergulho para explorar debaixo de água

Funcionavam todas? Nem sempre! Mas Leonardo não se importava. Ele acreditava que imaginar é o primeiro passo para inventar. E as suas ideias iriam inspirar cientistas durante centenas de anos.

Leonardo tinha curiosidade por tudo. Ele estudou:

- Anatomia, desenhando como são os músculos por baixo da pele
- Astronomia, esboçando o brilho da Lua
- Engenharia, projetando pontes e bombas de água
- Botânica, observando como as folhas crescem em espirais

Ele até escrevia as suas notas em escrita espelhada, ao contrário! (Alguns dizem que era para manter as ideias secretas; outros acham que ele só gostava do desafio.)

Leonardo da Vinci mostra-nos que a ciência não é apenas regras. Também é imaginação. Ele não tinha medo de estar errado, nem de sonhar grande, nem de misturar arte e ciência, como tinta misturada numa paleta.

Por isso, se alguma vez construíste uma torre com blocos, desenhaste um foguetão, ou perguntaste "E se...?", parabéns! Estás a pensar como o Leonardo.

E talvez, um dia, tu também rabisques uma ideia que muda o mundo.

Florence Nightingale: A Enfermeira que Reparava em Tudo

Era uma vez, num tempo iluminado por velas, uma rapariga chamada Florence Nightingale, nascida em 1820 num lugar chamado Florença, em Itália (daí o nome!). Ela cresceu em Inglaterra com uma mente curiosa e um coração cheio de bondade. Mas havia um superpoder especial que a destacava: ela reparava. Em coisas pequenas. Em coisas importantes. Em coisas que mais ninguém via.

Ilustração 22: Florence Nightingale a mostrar gráficos circulares

Florence tinha olhos de cientista e alma de super-heroína. Enquanto outros apenas olhavam à volta, ela observava. E isso fazia toda a diferença.

Mesmo em criança, Florence prestava atenção a tudo: como as plantas cresciam, como os animais se comportavam e como as pessoas se sentiam. Fazia perguntas como:

"Porque é que isto acontece?"

"Qual é o padrão?"

"Como é que isto pode ser melhor?"

A família queria que ela fosse a festas e usasse vestidos elegantes... mas Florence queria outra coisa. Florence queria ajudar pessoas e usar o seu poder de observação para salvar vidas.

Quando rebentou a Guerra da Crimeia, Florence tornou-se enfermeira e foi ajudar soldados feridos. Mas, quando chegou ao hospital, viu algo terrível:

- Os pisos estavam imundos.
- As camas estavam apinhadas.
- A água estava suja.
- E o pior? Morriam mais soldados de doenças do que de feridas de guerra!

A maioria das pessoas não entendia porquê. Mas Florence observou. Contou. Ouviu. Mediu. Anotou.

E o que descobriu? Que a falta de higiene, mãos sujas, instrumentos sujos, hospitais sujos, estava a deixar toda a gente ainda mais doente!

Florence não se limitou a adivinhar. Ela recolheu dados e fez gráficos, até gráficos circulares bonitos, que pareciam flores! Esses diagramas coloridos mostraram ao governo britânico, com clareza, o que estava a correr mal.

Ela disse: "Vejam! Hospitais limpos salvam vidas!" E adivinha? As pessoas ouviram. Hospitais por toda a Inglaterra (e mais além) ficaram mais limpos e seguros, tudo porque uma mulher reparou no que os outros ignoravam.

À noite, Florence caminhava pelos corredores com uma lanterna, a verificar cada doente. Os soldados chamavam-lhe "A Senhora da Lâmpada." Mas ela era mais do que isso. Era a senhora que observava, registava e mudava o mundo, uma anotação cuidadosa de cada vez.

Prestar atenção (ver mesmo o que está à tua volta) é um superpoder. Não precisas de bata nem de microscópio. Basta seres curioso, manteres a mente desperta e nunca parares de te perguntar "porquê". Porque, quem sabe? A próxima grande descoberta pode vir de ti... se tiveres tempo para... reparar.

Carl Sagan: O Observador das Estrelas que Fazia Perguntas Inteligentes

Numa noite cintilante, debaixo de um céu cheio de estrelas, um rapaz chamado Carl Sagan olhou para cima e perguntou-se:

"O que SÃO aquelas luzes no céu?"

"Será que existem outros planetas como a Terra?"

"Será que há alguém lá fora a acenar de volta?"

Carl não se limitava a sonhar, ele pensava. Não se limitava a acreditar, ele questionava. Não se limitava a adivinhar, ele usava pensamento crítico para explorar os maiores mistérios do universo!

Ilustração 23: Carl Sagan a pensar em perguntas inteligentes

Carl nasceu em 1934, em Brooklyn, Nova Iorque. Adorava banda desenhada, dinossauros e ficção científica. Mas, mesmo em criança, fazia perguntas espertas e difíceis como:

"Como é que sabemos se existem extraterrestres?"

"As estrelas podem morrer?"

"Porque é que as pessoas acreditam em coisas estranhas sem provas?"

Ele não acreditava em algo só porque alguém dizia. Carl acreditava em evidências. Queria razões reais por trás de cada resposta. Isso chama-se pensamento crítico: o superpoder de parar, pensar, verificar os factos e só depois decidir.

À medida que Carl cresceu, as perguntas ficaram maiores. Ele tornou-se um cientista que estudava o universo. Ajudou a enviar sondas espaciais para explorar planetas. E até colocou um disco de ouro na nave Voyager. O disco tinha uma mensagem da Terra para quaisquer extraterrestres que o pudessem encontrar!

Mas Carl não estudava apenas o espaço, ele explicava-o ao mundo de um jeito que fazia as pessoas dizerem: "Uau!", "Ahá!" e "Nunca tinha pensado nisso assim!"

O seu programa de TV, Cosmos, levou milhões de pessoas numa viagem por galáxias, buracos negros e átomos. Tudo movido por pensamento cuidadoso.

O Detetor de Tretas[1]

Carl acreditava que nunca devíamos cair em ideias tolas sem verificar os factos. Ele até criou uma lista de ferramentas chamada "Kit Detetor de Tretas". Não era uma máquina de verdade (desculpa, nada de caixa a apitar com luzes!), mas era um jeito de apanhar argumentos fracos e truques enganadores.

- Pede provas: não acredites em algo só porque soa fixe. Pergunta: "Onde está a prova?"
- Resultados repetíveis: se é verdade, deve funcionar da mesma forma uma e outra vez. "Outra pessoa consegue tentar e obter o mesmo resultado?"
- Verifica as fontes: quem disse isso? É confiável? Ou está só a adivinhar?
- Usa lógica: cuidado com o raciocínio. Só porque duas coisas acontecem ao mesmo tempo não significa que uma causou a outra. (As vendas de gelado e as queimaduras do sol sobem no verão... mas o gelado não causa queimaduras!)
- Olha para os dois lados: ouve opiniões diferentes. O que dizem as pessoas a favor e contra a ideia?
- Evita truques: desconfia de palavras muito emocionais, distrações brilhantes ou alguém a dizer "Toda a gente sabe isto!" Isso não é prova.

---

1 Carl Sagan, The Demon-Haunted World: Science as a Candle in the Dark, ISBN 978-0345409461.

♦ Atenção ao pensamento mágico: só porque algo é misterioso não significa que foi magia. Pode só significar que ainda não entendemos.

Carl Sagan lembrava-nos que o universo é enorme, bonito e pode ser compreendido, mas só se fizermos boas perguntas e procurarmos respostas verdadeiras.

Ele disse uma vez:

> *"Afirmações extraordinárias exigem evidências extraordinárias."*

Que é uma maneira inteligente de dizer: *ideias grandes precisam de provas grandes!*

E que é fixe maravilhar-se… e ainda mais fixe pensar com clareza. A ciência não é só telescópios e foguetões. É perguntar "Porquê?" E, com um coração curioso e uma mente afiada, podes alcançar as estrelas… e talvez até tocá-las.

Galileo Galilei: O Observador do Céu que Abriu a Mente

Há muito tempo, na terra da pizza, da massa e das grandes ideias (Itália!), nasceu um rapaz chamado Galileo Galilei, em 1564. Desde o início era curioso. Estava sempre a mexer, a testar e a fazer perguntas como:

"Porque é que as coisas caem para baixo?"

"O que é que existe mesmo lá em cima no céu?"

"E se… toda a gente estiver errada?"

Ilustração 24: Galileo Galilei a usar um telescópio

Galileo não tinha medo de respostas estranhas. Ele gostava de dizer:

"Vamos olhar outra vez, com a mente aberta!"

Um dia, Galileo ouviu falar de um novo aparelho vindo dos Países Baixos: uma luneta que fazia coisas distantes parecerem mais perto. Ele não disse apenas "Que brinquedo fixe." Nada disso! Ele construiu o seu próprio telescópio, apontou-o ao céu e fez descobertas de deixar qualquer um de boca aberta.

Ele viu:
- Montanhas na Lua (Espera… a Lua não é lisa?)
- Luas a orbitarem Júpiter (Uau! Então nem tudo gira à volta da Terra!)
- As fases de Vénus (Como a Lua, mas diferente… hmm…)

Essas coisas não batiam certo com a ideia antiga de que a Terra era o centro de tudo. Mas Galileo não entrou em pânico nem fingiu que não tinha visto. Ele disse:

"Talvez precisemos de uma ideia nova. Talvez a Terra se mova à volta do Sol!"

Isso exigia coragem… e uma mente bem aberta.

Muita gente ficou zangada. "A Terra não pode mover-se!" gritavam. Mas Galileo não estava a ser malcriado. Estava a ser curioso. Ele não queria discutir só para "ter razão". Queria compreender como as coisas realmente funcionavam.

Mesmo quando pessoas poderosas lhe disseram para parar, Galileo continuou a sussurrar para as estrelas:

"Eu estou a ouvir…"

Ele acreditava que fazer ciência é mudar de ideia quando aparecem novas provas. Isso não é fraqueza, isso é sabedoria.

E porque Galileo se manteve aberto ao que viu através do telescópio, ajudou a começar um modo totalmente novo de fazer ciência: observar, pensar e fazer perguntas sem medo.

Ele disse uma vez:

"Todas as verdades são fáceis de entender quando são descobertas. O importante é descobri-las."

E descobrir significa estar pronto para a surpresa!

Ter mente aberta é ser corajoso. É largar o que achas que sabes e abrir espaço para o que pode ser verdade.

Por isso, da próxima vez que ouvires algo estranho ou reparares em algo novo, não digas logo: "Isso é impossível." Sê como Galileo. Levanta os olhos, abre a mente... e deixa o universo ensinar-te algo incrível.

Gregor Mendel: O Paciente Colhedor de Ervilhas

Há muito tempo, num cantinho calmo do que hoje é a República Checa, viveu um homem chamado Gregor Mendel. Ele não usava bata de laboratório nem voava pelo espaço. Nada disso. Usava um hábito de monge e trabalhava num jardim. Mas não te deixes enganar: Gregor Mendel foi um dos cientistas mais importantes que alguma vez existiram. E sabes qual era o superpoder dele?

Ilustração 25: Gregor Mendel e as suas ervilhas

Paciência.

Mendel não inventou foguetões nem lasers. Ele plantou ervilhas. Ervilhas verdes, ervilhas enrugadas, ervilhas redondas, ervilhas amarelas. Ervilha atrás de ervilha atrás de ervilha! Enquanto outras pessoas talvez se aborrecessem, Mendel mantinha-se calmo. Observava. Esperava. Contava. E depois... plantava mais.

Ele fez isto durante oito anos inteiros. Isso é quase a tua vida toda!

Ele queria saber porque é que algumas ervilhas eram redondas e outras enrugadas, porque é que umas eram amarelas e outras verdes. Então, com todo o cuidado, ele cruzou as plantas (polinização cruzada) e registou o que acontecia na geração seguinte. Fez tabelas, notas e mais tabelas. Era como uma agência de detetives das ervilhas, com uma só pessoa!

E o que é que ele descobriu?

As regras da hereditariedade! É uma maneira elegante de dizer como as características passam dos pais para os filhos, ou das plantas de ervilha para as "ervilhazinhas" seguintes. Mendel encontrou padrões que ninguém tinha reparado antes. O trabalho dele foi o primeiro passo para o que hoje chamamos genética.

Mas adivinha? Quando ele publicou as suas descobertas, ninguém ligou. Nem um "Viva!" Nem um "Uau, Mendel, és incrível!" A descoberta dele ficou em silêncio durante mais de 30 anos.

Mas Mendel fez birra? Pisou as ervilhas com raiva?

Não. Ele continuou a ser bondoso, curioso e paciente.

E, com o tempo, o mundo alcançou-o. Os cientistas perceberam que Mendel tinha descoberto algo gigantesco. Hoje, praticamente todos os livros de ciência falam de Mendel e das suas ervilhas maravilhosas.

Por isso, da próxima vez que estiveres preso num puzzle ou à espera da tua vez, lembra-te do Gregor: o paciente colhedor de ervilhas. O monge que cultivou um jardim cheio de segredos. E o homem que provou que, às vezes, as melhores descobertas... crescem devagarinho.

Rosalind Franklin: A Parceira que Resolvia Puzzles

Na cidade brilhante e agitada de Londres, nasceu uma rapariga chamada Rosalind Franklin que adorava puzzles. Não do tipo "puzzle de encaixar peças" (embora ela provavelmente também gostasse desses), mas do tipo feito de átomos, sombras e luz.

Rosalind não gritava para chamar atenção nem batia o pé. Ela deixava o seu trabalho falar por si. Estudou física e química, duas das matérias mais difíceis que existem. E então descobriu algo quase mágico: com um tipo especial de "câmara" chamado cristalografia por raios X, era possível tirar "fotografias" de coisas invisíveis, como moléculas! Rosalind usou isso para ajudar a resolver um dos maiores mistérios da ciência: qual é a forma do ADN.

O ADN é como uma receita secreta para todos os seres vivos. Toda a gente queria saber qual era a sua forma. Rosalind trabalhou com uma equipa no King's College. Ela apontou cuidadosamente raios X para fios minúsculos de ADN e captou uma imagem tão nítida e tão clara que ficou conhecida como a Fotografia 51. Essa fotografia acabou por ser uma peça-chave para perceber a forma enrolada do ADN: a famosa dupla hélice!

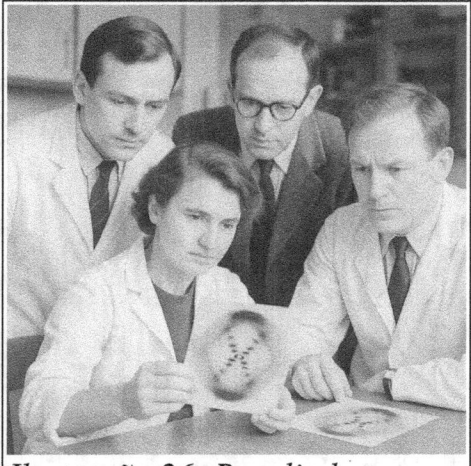

Ilustração 26: Rosalind Franklin e a sua equipa

Mas aqui vem a reviravolta: a equipa inteira nem sempre trabalhava bem em conjunto. Alguns cientistas, como James Watson e Francis Crick, usaram a fotografia de Rosalind sem lhe pedir primeiro. Eles ficaram famosos por construir o modelo do ADN, mas o trabalho cuidadoso de Rosalind ajudou a tornar essa descoberta possível. E ela continuou a trabalhar, colaborando com outros cientistas, partilhando ideias, ouvindo as ideias deles e construindo respostas grandes... em conjunto.

Depois, ela passou a estudar vírus, formando equipa com um cientista chamado Aaron Klug. Juntos, descobriram como os vírus eram "construídos", como detetives a desenhar plantas de castelos invisíveis. Rosalind liderava a equipa com bondade, clareza e cuidado. Não acreditava em "exibir-se". Acreditava em trabalhar em equipa.

Rosalind Franklin pode não ter vivido o suficiente para ver o quanto o seu nome se tornaria famoso, mas hoje cientistas em todo o mundo honram-na como uma parceira brilhante no grande puzzle da ciência, uma cientista que mostrou que alguns mistérios só se resolvem... *juntos*.

Richard Feynman: O Grande Explicador

Se a ciência fosse um circo, Richard Feynman seria o mestre de cerimónias, a dar cambalhotas com ideias, a soltar piadas e a tirar segredos do universo de uma cartola!

Richard Feynman nasceu em 1918, em Nova Iorque, e desde o início transbordava de curiosidade. Em miúdo, desmontava rádios só para ver como funcionavam (e, felizmente, voltava a montar a maioria!). Adorava perceber como as coisas eram feitas e, acima de tudo, adorava explicar o que descobria.

Ilustração 27: Richard Feynman a explicar

Quando cresceu, tornou-se um físico famoso no mundo inteiro. Ajudou a desvendar o poder dos átomos e explorou as partes mais estranhas da ciência: a mecânica quântica! Esse é o mundo minúsculo das partículas e das ondas, onde as coisas podem estar em dois lugares ao mesmo tempo ou "girar" de maneiras invisíveis. Parece confuso? Não quando o Feynman explicava!

Ele tinha um jeito quase mágico de falar sobre ideias complicadas. Usava histórias disparatadas, desenhos malucos e até tambores bongo (sim, a sério!) para ajudar as pessoas a entender. Ele disse uma vez: *"Se não consegues explicar algo de forma simples, então não o entendes de verdade."* Por isso, ele esforçava-se para tornar a ciência simples. Não "simples-aburrido", mas simples-divertido!

Nas suas famosas *"Lições de Feynman"*, transformou a física universitária numa aventura emocionante. Os seus livros, como *"Está a Brincar, Sr. Feynman!"* fizeram as pessoas rir e aprender ao mesmo tempo. E quando um vaivém espacial explodiu, ele ajudou a descobrir porquê, e explicou tudo com tanta clareza que toda a gente conseguiu perceber.

Richard Feynman não era apenas cientista. Era professor, comunicador, contador de histórias da ciência. Ele acreditava que o mundo está cheio de maravilhas, e que essas maravilhas devem ser partilhadas.

Por isso, da próxima vez que descobrires alguma coisa, não guardes só para ti, explica! Usa as mãos, as palavras... até os teus tambores, se for preciso. Sê como o Feynman: transforma ideias em fogo de artifício de palavras e deixa-as iluminar as mentes à tua volta.

Michael Faraday: A Faísca da Verdade

Michael Faraday não usava bata de laboratório. Nem sequer foi para uma escola chique. Mas tinha algo muito mais valioso: um coração cheio de curiosidade e uma mente que nunca mentia.

Nascido em Londres, em 1791, Michael era filho de um ferreiro. Teve de sair da escola ainda em criança para ajudar a ganhar dinheiro. Mas isso não o parou. Ele lia todos os livros que conseguia encontrar, especialmente livros de ciência.

Ilustração 28: Michael Faraday e eletricidade

Era encadernador de livros durante o dia, devorador de livros à noite, e sonhador sempre.

Um dia, o jovem Michael conseguiu assistir a uma palestra de ciência dada por um químico famoso chamado Humphry Davy. Ele tomou notas, páginas e páginas, e enviou-as a Davy com uma carta que basicamente dizia: "Olá! Eu adoro ciência! Posso trabalhar consigo?"

E adivinha? Davy disse que sim!

Michael tornou-se assistente de laboratório e, pouco tempo depois, já não estava só a ajudar em experiências, estava a liderá-las! Descobriu que eletricidade e magnetismo estavam ligados, o que ajudou a criar motores elétricos. Percebeu como transformar energia química em energia elétrica. O seu trabalho mudou o mundo.

Mas aqui está a parte que o torna verdadeiramente incrível: ele nunca inventava coisas.

Michael acreditava que a ciência é procurar a verdade, mesmo quando ela não é aquilo que esperávamos. Se uma experiência falhava, ele não fingia que tinha dado certo. Se não sabia a resposta, não fazia de conta. Ele disse uma vez: *"Nada é maravilhoso demais para ser verdadeiro, se for consistente com as leis da natureza."* Ou seja: ele acreditava que a natureza não mente, e os cientistas também não deviam mentir.

Ele escrevia notas detalhadas, contava o que realmente acontecia e partilhava as suas descobertas livremente. Dava palestras para crianças como tu, cheias de faíscas, bobinas a girar e luzes a brilhar. Mas, acima de tudo, eram palestras cheias de honestidade.

Michael Faraday mostrou ao mundo que não precisas de ser rico, nem de usar peruca empoadinha, nem de falar com palavras complicadas para seres um grande cientista. Só precisas de curiosidade, coragem e da honestidade de seguir a verdade, seja ela para onde for.

Johannes Kepler: O Solucionador do Puzzle dos Planetas

Há muito tempo, numa terra de castelos e cometas, vivia um rapaz chamado Johannes Kepler. Ele adorava olhar para as estrelas. Elas brilhavam e pareciam dançar por cima dele, como pequenos mistérios no céu. Mas Johannes não se limitava a admirar as estrelas. Ele queria saber o que elas estavam a fazer, e porque se moviam daquele jeito.

E é aqui que entra a *disciplina*.

Kepler não era do tipo de cientista que faz um palpite rápido e passa à frente. Nada disso. Ele era do tipo que arregaçava as mangas, se sentava à secretária durante anos... e fazia contas à mão! Milhares e milhares de números, dia após dia. Os amigos dele provavelmente achavam que ele tinha estrelas na sopa, de tanto pensar no céu!

Ilustração 29: Johannes Kepler a desenhar o sistema solar

Ele tinha uma grande pergunta: "Os planetas movem-se em círculos perfeitos?" Toda a gente achava que sim, mas Kepler não se contentava com "achar". Ele precisava de provas.

Então usou as anotações de observação dos planetas deixadas por outro observador do céu chamado Tycho Brahe. Essas anotações eram enormes, como um baú do tesouro cheio de medições. Kepler trabalhou nelas como um detetive num caso que nunca acabava. Verificava e voltava a verificar números, desenhava diagramas e até cometia erros. Mas não desistia.

Depois de anos de trabalho duro (e provavelmente alguns tinteiros derramados), Kepler fez uma descoberta incrível: os planetas não se movem em círculos perfeitos, movem-se em formas alongadas chamadas elipses! Isso pode parecer um detalhe pequeno, mas foi gigante. Esta descoberta ajudou os cientistas a compreender a gravidade, a construir foguetões e até a mandar astronautas para a Lua!

Johannes Kepler ensinou-nos que resolver grandes mistérios exige mais do que inteligência. Exige *disciplina*. Disciplina é aquele esforço constante que continua... mesmo quando custa.

Por isso, da próxima vez que vires uma estrela, lembra-te: alguém como Kepler trabalhou durante anos para a compreender. E talvez, se estiveres disposto a ser paciente e preciso, tu também consigas resolver um mistério.

Nikola Tesla: O Homem que Sonhava em Faíscas

Numa noite de tempestade, em 1856, nasceu um bebé numa aldeia pequena do que hoje é a Croácia. Relâmpagos rasgavam o céu, o trovão estremecia a terra, e a parteira suspirou: "Esta criança será uma criança de luz!" O bebé era Nikola Tesla, e, ui, como ela tinha razão.

Desde cedo, Nikola via o mundo de forma diferente. Enquanto outras crianças brincavam com brinquedos, ele construía-os.

Ilustração 30: Nikola Tesla a pensar

Enquanto outras olhavam para os pássaros a voar, ele perguntava-se como poderia voar também. A mente dele estava sempre a girar com imagens, padrões e puzzles. Nem precisava de papel para desenhar: ele pintava invenções na imaginação, até ao parafuso mais pequenino.

Num dia, imaginou uma roda de água que podia girar para sempre. Noutro dia, viu na cabeça um motor que não precisava de faísca para continuar. E, quando fechava os olhos, ele não sonhava apenas... ele projetava.

Quando Nikola cresceu, foi para longe de casa atrás das suas ideias. Trabalhou com um inventor famoso chamado Thomas Edison, mas as ideias deles sobre eletricidade eram muito diferentes. Edison acreditava na corrente contínua (CC), em que a eletricidade flui numa só direção, como um rio. Tesla sonhava com a corrente alternada (CA), em que a eletricidade dança para a frente e para trás, rápida e livre como um relâmpago.

Algumas pessoas achavam que Tesla era imaginativo demais. Estranho demais. Sonhador demais. Mas adivinha? As ideias dele funcionavam. Ele construiu motores que giravam com energia de CA e iluminou cidades inteiras. Hoje, a maior parte da eletricidade na tua casa corre exatamente como Tesla imaginou: vai e vem pelos fios, levando luz ao mundo.

E Tesla sonhava em grande, mesmo! Ele queria dar ao mundo eletricidade grátis, transmitida pelo ar, como música no rádio. Chegou a construir uma torre para enviar energia sem fios através do oceano. A torre não resultou (em parte porque ele ficou sem dinheiro), mas muitas das suas ideias "loucas", como comunicação sem fios, raios X, radar e até controlo remoto, tornaram-se realidade anos mais tarde.

Nikola Tesla nunca deixou de imaginar. Não o fazia por dinheiro nem por troféus. Fazia-o porque acreditava num mundo melhor, alimentado por ciência, curiosidade e espanto.

Ele disse uma vez:

"Que o futuro diga a verdade... O presente é deles; o futuro, para o qual eu realmente trabalhei, é meu."

Por isso, da próxima vez que estiveres perdido num devaneio, ou a rabiscar um robô no caderno, ou a perguntar-te de que são feitas as estrelas... continua! O mundo precisa de sonhadores. Tal como Nikola Tesla.

Imagina com coragem. Sonha sem medo. E ilumina o mundo.

Chien-Shiung Wu: A Cientista que Não Desistiu

Numa pequena aldeia na China, nasceu uma menina que um dia mudaria a ciência para sempre. O nome dela era Chien-Shiung Wu. O ano era 1912 e, naquela época, não se esperava que muitas raparigas fossem muito longe na escola... mas os pais de Chien-Shiung eram diferentes. O pai dela abriu uma escola só para raparigas, e adivinha quem foi uma das primeiras alunas? Isso mesmo! Lá estava a pequena Wu, com um brilho curioso nos olhos e uma mente a rebentar de perguntas.

Ela devorava livros. Resolvia puzzles. Sonhava com coisas invisíveis como átomos e partículas, e perguntava-se como é que elas se moviam e rodopiavam. Quando já era jovem, estava pronta para uma grande aventura: deixou a família e atravessou o mar até à América para estudar física.

Mas, quando chegou lá, as coisas não foram tão fáceis como ela esperava.

Mesmo sendo brilhante e trabalhando mais do que a maioria das pessoas à sua volta, Chien-Shiung Wu era muitas vezes ignorada. Às vezes não recebia crédito pelas descobertas. Às vezes homens eram elogiados por coisas que ela tinha feito. E, às vezes, só por ser mulher, diziam-lhe para "esperar" ou "tentar mais tarde". Isso faria qualquer pessoa querer desistir.

Ilustração 31: Chien-Shiung Wu a conduzir uma experiência

Mas Wu não desistiu.

Ela respondeu com ciência!

Respondeu com ideias!

Respondeu com experiências tão inteligentes que faziam outros cientistas arregalar os olhos!

Uma das suas experiências mais famosas envolveu algo chamado decaimento beta. O decaimento beta é quando certas partículas "saltam" para fora dos átomos. Os cientistas acreditavam que, se fizesses uma "imagem ao espelho" de uma partícula, ela iria comportar-se da mesma forma. Essa ideia chamava-se paridade. Mas Wu pensou: "E se o universo não for assim tão 'justo'?" Ela montou uma experiência super precisa e super fria para testar isso.

E adivinha? Ela tinha razão. O universo quebrou as suas próprias regras! A descoberta dela mostrou que, às vezes, a natureza não trata os dois lados do mesmo modo, e o mundo da física virou de pernas para o ar.

Foi uma das maiores descobertas da física. Dois homens ganharam o Prémio Nobel pela teoria. Mas Wu, que provou tudo com as próprias mãos e com o próprio coração, não recebeu o prémio.

Mesmo assim, ela continuou. Não discutiu. Não bateu o pé. Ela ensinou. Investigou. Brilhou.

E, aos poucos, o mundo começou a reparar. Ela tornou-se a primeira mulher a presidir à American Physical Society. Ganhou dezenas de prémios. Escolas e ruas passaram a ter o nome dela. As pessoas começaram a chamá-la de "Primeira-Dama da Física" e "Rainha da Investigação Nuclear".

Mas, mais do que títulos, Chien-Shiung Wu mostrou-nos o que significa *resiliência* de verdade. Mostrou-nos que, quando a vida te empurra para baixo, tu podes levantar-te de novo, com bondade, coragem e uma curiosidade que não para.

Por isso, se algum dia sentires vontade de desistir, lembra-te de Chien-Shiung Wu. Ela não fez apenas história. Ela fez o *"voltar a levantar"* parecer magia.

Rachel Carson: A Cientista que Falou pela Terra

Era uma vez, ao ritmo das marés, perto das ondas do mar a rebentar com força, uma rapariga chamada Rachel Carson. Ela nasceu em 1907, numa pequena cidade da Pensilvânia. Em criança, adorava explorar a floresta, ouvir o canto dos pássaros e sonhar com oceanos longínquos. Enquanto outras crianças brincavam com brinquedos, Rachel estava ocupada a ler livros sobre animais, estrelas e ciência. Ela até escreveu a sua primeira história quando tinha apenas dez anos!

Ilustração 32: Rachel Carson a ler Silent Spring

À medida que Rachel crescia, o seu amor pela natureza crescia ainda mais. Tornou-se cientista, mas não do tipo que fica num laboratório com frascos a borbulhar. Rachel era uma cientista-escritora. Tinha um dom para explicar ciência com palavras bonitas e claras. Os seus livros ajudaram as pessoas a apaixonarem-se pela natureza, especialmente pelo misterioso mar azul profundo.

Mas então Rachel descobriu algo preocupante. Os agricultores estavam a usar químicos muito fortes chamados pesticidas para matar insetos. Um desses químicos chamava-se DDT. No início, parecia útil. As colheitas ficavam protegidas dos bichos! Mas Rachel reparou que os pássaros estavam a desaparecer. Os peixes estavam a morrer. E até as pessoas podiam estar a ficar doentes.

Ela percebeu que esses químicos não ficavam apenas onde eram pulverizados. Espalhavam-se pela água, pelo vento e pela comida. Rachel sentiu algo fundo no coração: um sentido de responsabilidade.

"Alguém tem de dizer a verdade", pensou ela. "Alguém tem de proteger a Terra."

Então, ela começou a trabalhar.

Estudou cada facto. Verificou cada número duas vezes. Garantiu que cada frase do seu livro era verdadeira e justa. E depois escreveu *Silent Spring* (Primavera Silenciosa), um livro que mudaria o mundo. Ele avisava que, se não tivéssemos cuidado, a primavera poderia chegar... sem canto de pássaros. Imagina um mundo em que os melros não cantam!

Algumas pessoas não queriam ouvir. Grandes empresas tentaram pará-la. Mas Rachel manteve-se firme, como um farol numa tempestade. Ela não gritava nem acusava. Apenas partilhava a verdade, com calma.

Porque ser responsável não é ser o mais barulhento. É ser cuidadoso. Ser corajoso. E fazer o que é certo, mesmo quando é difícil.

Graças a Rachel Carson, as pessoas começaram a prestar atenção. Foram criadas leis para proteger a natureza. Os pesticidas passaram a ser testados com mais cuidado. E milhões de pessoas começaram a perceber que a Terra precisa de guardiões.

Rachel Carson não amou apenas a natureza, ela cuidou dela.

Mostrou ao mundo que a ciência deve vir sempre com coração.

E ensinou-nos mais uma coisa: até uma única voz, tranquila, pode ecoar pelo mundo inteiro... se falar com verdade e responsabilidade.

Alexander Fleming: O Herói Surpresa do Bolor

Na Escócia, nasceu um bebé chamado Alexander Fleming, numa quinta. Ele não tinha um microscópio no berço nem uma bata de laboratório para fotos de bebé. Mas, mesmo em criança, era curioso sobre como as coisas funcionavam, especialmente na natureza. Gostava de observar insetos, ver plantas a crescer e perguntar "Porquê?" mais vezes do que muitos adultos tinham respostas!

Ilustração 33: Alexander Fleming surpreendido com bolor

Quando cresceu, Alexander mudou-se para Londres e tornou-se médico. Mas não era "apenas" um médico que via doentes, era também cientista. Trabalhou num laboratório a estudar bactérias, criaturas tão pequenas que precisas de um microscópio só para as ver. Algumas bactérias ajudam, mas outras podem deixar as pessoas muito doentes. E, naquela época, se apanhavas uma infeção grave, não havia muito que um médico pudesse fazer.

Fleming queria mudar isso.

Agora vem a parte emocionante... e um bocadinho nojenta.

Num dia quente de 1928, Fleming saiu do laboratório para umas férias curtas. Ele não limpou todas as suas placas de Petri (são recipientes baixos e achatados que os cientistas usam para fazer crescer bactérias). Quando voltou, reparou numa coisa estranha. Uma placa tinha ganho bolor. Um montinho felpudo tinha crescido bem no meio!

A maioria das pessoas teria dito: "Que nojo!" e deitava aquilo fora.

Mas não Alexander Fleming.

Ele inclinou-se sobre a placa, espreitou por cima dos óculos e reparou em algo incrível: à volta do bolor, as bactérias tinham desaparecido! O bolor estava a matá-las!

"Que bolor maravilhoso é este?", perguntou-se ele.

Fleming não disse: "Oh não, a minha experiência ficou estragada!" Em vez disso, disse: "Está a acontecer algo novo aqui. Eu vou descobrir o quê!"

Isso é *flexibilidade*: a capacidade de mudares o plano, seguires a surpresa e aprenderes algo novo.

Ele estudou o bolor e descobriu que ele produzia uma substância especial capaz de combater bactérias. Chamou-lhe penicilina. Foi o primeiro antibiótico. Um antibiótico é um tipo de medicamento que combate infeções.

No início, as pessoas não perceberam o tamanho desta descoberta. Mas, anos depois, durante a Segunda Guerra Mundial, outros cientistas descobriram como produzir muita penicilina, e ela salvou milhões de vidas.

Graças ao pensamento flexível de Fleming, um acidente bolorento tornou-se uma das maiores descobertas da história da medicina.

Então, o que podemos aprender com Alexander Fleming?
- ◆ Não tenhas medo de errar.
- ◆ Olha com atenção para o inesperado.
- ◆ Sê capaz de mudar de ideia.
- ◆ E mantém sempre a curiosidade acesa.

Quando os cientistas são *flexíveis*, as maiores descobertas podem nascer… dos momentos mais desarrumados.

Charles Darwin: O Explorador que Não Tinha Medo de Dizer "Ainda Não Sei"

No mundo real da ciência, nasceu um bebé chamado Charles Darwin, em 1809, em Shrewsbury, Inglaterra. Ele não cresceu com superpoderes nem varinhas mágicas. Mas tinha algo tão poderoso quanto isso: *curiosidade*.

Em rapaz, Charles era um colecionador. Penas, insetos, besouros, ossos, qualquer coisa que se mexesse, brilhasse ou parecesse misteriosa acabava nos bolsos dele. (A mãe dele provavelmente não gostava muito do dia da roupa!) Charles nem sempre adorava a escola, e não era o tipo de aluno que levantava a mão com todas as respostas. Mas adorava fazer perguntas. E não eram perguntas pequenas, eram as grandes:

Ilustração 34: Charles Darwin com tentilhões

- Porque existem tantos tipos de animais?
- De onde vieram todos eles?
- Porque é que eles mudam?

Quando Charles cresceu, recebeu uma oportunidade única: viajar à volta do mundo numa expedição científica a bordo de um navio chamado HMS Beagle. Ele não era o capitão. E nem era o cientista oficial do navio (pelo menos no início!). Ele estava lá para observar a natureza. E observou maravilhosamente.

Das costas da América do Sul às longínquas Ilhas Galápagos, Charles viu criaturas de todas as formas e tamanhos. E reparou numa coisa estranha: os tentilhões de uma ilha eram diferentes dos de outra. Um tinha um bico comprido e pontiagudo para apanhar insetos. Outro tinha um bico grosso e forte para partir sementes. "Será que estas aves são todas primas?", perguntou-se ele. "Será que mudaram com o tempo para se adaptarem às suas casas?"

Essa pergunta virou um mistério em que Charles trabalhou durante anos. De volta a Inglaterra, ele não teve pressa. Não gritou "Eureka!" e escreveu um livro no dia seguinte. Não. Charles era paciente. Criou pombos. Estudou fósseis. Leu livros. Fez desenhos. Deu longas caminhadas e pensou a sério. E, às vezes, disse a coisa mais corajosa que um cientista pode dizer: *"Ainda não tenho a certeza."*

Charles Darwin acreditava que ser um bom cientista é ouvir a natureza, e não apenas falar sobre ela. Ele não fingia saber todas as respostas. Na verdade, esperou vinte anos antes de publicar o seu livro mais famoso, A Origem das Espécies. E mesmo nesse livro, ele dizia: "Há muitas coisas que ainda não compreendemos." Ele era honesto. Era cuidadoso. Era humilde.

E foi isso que o tornou grande. Porque a ciência não é sobre ser a pessoa mais "esperta" na sala. É sobre ser corajoso o suficiente para perguntar: "E se eu estiver errado?", e sábio o suficiente para ouvir quando o mundo sussurra algo novo.

Por isso, da próxima vez que tiveres uma grande pergunta ou te sentires inseguro sobre alguma coisa, lembra-te de Charles Darwin: o rapaz com besouros nos bolsos, o explorador com um caderno cheio de aves, e o cientista que mudou o mundo ao dizer: *"Eu não sei... ainda."*

Tycho Brahe: O Medidor de Estrelas Extraordinário

No reino frio da Dinamarca, nasceu um bebé sob um céu cheio de estrelas cintilantes. Esse bebé cresceu e tornou-se Tycho Brahe, o homem que um dia iria medir os céus como ninguém tinha conseguido antes.

Tycho não era um observador de estrelas comum. Ele não olhava para o céu e dizia apenas: "Aquela é bonita." Nada disso. Ele queria saber exatamente onde estava cada estrela. Quão alta? Quão brilhante? Quão longe daquela outra ali a piscar? Ele era curioso, mas, mais do que isso, era *preciso*.

Tycho nasceu em 1546, centenas de anos antes de existir qualquer telescópio. Mas isso não o travou! Ele construiu as suas próprias ferramentas: instrumentos enormes de metal que pareciam uma mistura de compasso, régua e... um gigantesco baloiço de parque! Ele até construiu uma ilha-observatório inteira chamada Uraniborg, que significa "Castelo dos Céus". Sim! Ele tinha a sua própria ilha só para estudar as estrelas!

Todas as noites, Tycho enrolava-se em mantos de lã bem quentinhos, saía para debaixo do céu e começava a registar. Ele não tinha pressa. Não era descuidado. Se a Lua se mexia só um bocadinho, ele reparava. Se um planeta "dançava" um fio de cabelo para a esquerda, Tycho sabia. Ele anotava tudo com letra arrumada, sempre a confirmar, sempre a medir duas, ou até três, vezes! Os seus registos eram os mais exatos do mundo, e ele manteve-os durante décadas.

Ilustração 35: Tycho Brahe a medir as estrelas

Ele até reparou numa coisa espantosa em 1572: apareceu uma nova estrela muito brilhante no céu! Hoje sabemos que foi uma supernova (uma estrela a explodir), mas naquela época as pessoas achavam que os céus nunca mudavam. As medições cuidadosas de Tycho ajudaram a provar que mudavam, sim.

E Tycho não era só seriedade o tempo todo. Ele tinha um gosto especial pelo dramático! Usava roupas elegantes, tinha um alce de estimação bem domesticado, e usava um nariz de metal depois de perder o nariz verdadeiro numa luta de espadas por causa de um problema de matemática. (Não faças isso em casa!)

Mas por baixo do alce e do metal, Tycho era um cientista que acreditava que a verdade vive nos detalhes. A precisão dele abriu caminho para Johannes Kepler, o seu assistente, descobrir que os planetas se movem em elipses, órbitas ovais, e não em círculos perfeitos. Sem os mapas do céu feitos por Tycho com tanto cuidado, talvez ainda estivéssemos só a adivinhar hoje.

Por isso, da próxima vez que olhares para as estrelas e te perguntes o que há lá fora, lembra-te de Tycho Brahe, o homem que levantou os olhos e disse:

"Vamos medir!"

E depois... mediu mesmo. Com toda a *precisão*!

Dmitri Mendeleev: Mestre da Ordem num Mundo Químico Caótico

Dmitri Mendeleev nasceu numa cidade gelada da Sibéria, na Rússia, em 1834. Era o mais novo de uma família enorme. Alguns dizem que ele tinha até 17 irmãos e irmãs! Com tantos sapatos, livros e tigelas espalhados pela casa, não admira que Dmitri tenha aprendido a ser *organizado*!

Quando era jovem, Dmitri adorava aprender, especialmente ciência. Mas a vida nem sempre foi fácil. O pai ficou cego e, mais tarde, morreu, por isso a mãe trabalhou muito para garantir que Dmitri tivesse educação. Ela chegou a levá-lo numa longa viagem através da Rússia para o colocar na melhor escola que conseguisse encontrar.

Ilustração 36: Dmitri Mendeleev e a tabela periódica

Dmitri estudou química e rapidamente reparou numa coisa estranha: o mundo dos elementos químicos era uma confusão total. Os cientistas já tinham descoberto mais de 60 elementos, mas ninguém sabia como é que eles se relacionavam. Não havia sistema nenhum, só um monte de nomes e números misturados, como uma gaveta de peças LEGO toda desarrumada.

Mas Dmitri tinha um superpoder: *organização*. Ele via padrões onde os outros viam apenas um monte de confusão. Então, pôs mãos à obra.

Dmitri escreveu todos os elementos conhecidos em cartões separados, um cartão por elemento. Em cada cartão, colocou o nome, a massa e as propriedades. Depois espalhou tudo numa mesa grande, como se estivesse a jogar um jogo gigantesco de "encontra o par"… só que com elementos!

Ele organizou-os por massa atómica, do mais leve ao mais pesado, mas isso não bastava. Alguns elementos comportavam-se de forma parecida, e Dmitri pensou: "Hmm… talvez estes devam ficar juntos!"

Ele baralhou. Ordenou. Olhou fixamente. Rabiscou.

Provavelmente bebeu muito chá.

Finalmente, apareceu um padrão. Certos elementos repetiam os seus comportamentos de forma regular, como uma música com batida repetida. Dmitri tinha descoberto a lei periódica, o ritmo secreto dos elementos.

Com um grande sorriso (e provavelmente um grande bocejo), Dmitri criou a Tabela Periódica dos Elementos. Cada elemento ganhou a sua "casa". E ele até deixou espaços em branco onde nenhum elemento conhecido encaixava. Mas ele tinha a certeza de que esses elementos tinham de existir.

As pessoas acharam que ele era meio maluco. "Não podes deixar buracos na tua tabela!", diziam.

Mas Dmitri apenas sorriu e respondeu: "Esperem."

Anos depois, os cientistas descobriram exatamente os elementos que Dmitri tinha previsto: gálio, escândio e germânio, e eles encaixaram na tabela perfeitamente, como peças de puzzle que ele já tinha visto antes de serem feitas!

Os registos cuidadosos dele, a sua tabela arrumadinha e o seu amor por pôr tudo em ordem ajudaram os cientistas a compreender os "tijolos" de tudo o que existe, do ar à água, da manteiga de amendoim aos planetas.

Graças a Dmitri, a química deixou de ser um caos... e começou a fazer sentido.

Curiosidades sobre Dmitri Mendeleev:
- Dizem que ele fazia as malas de forma tão organizada que conseguia viajar durante semanas com apenas um baú!
- Tinha uma barba longa e selvagem, mas os seus cadernos eram sempre limpos e bem arrumados.
- Ele até ajudou a criar um sistema de pesos e medidas na Rússia, porque organizar não era só um hobby, era mesmo o superpoder dele.

Moral da história? Se a tua mochila está arrumada, a gaveta das meias está organizada e os teus cartões estão alinhados direitinhos... estás a pensar como o Dmitri. Quem diria que a *organização* podia mudar o mundo?

Sophie Germain: A Mulher que Perguntava "Porquê?" Vez Após Vez

No coração de Paris, num tempo de revolução e mudança, uma jovem chamada Sophie Germain descobriu algo mais poderoso do que fogo de artifício e bandeiras: um livro sobre números. Ela tinha apenas treze anos quando leu sobre Arquimedes, o antigo grego que estava tão mergulhado em pensamentos que nem reparou num exército invasor. Sophie ficou fascinada.

Ilustração 37: Sophie Germain a perguntar porquê?

"Se a matemática consegue fazer alguém esquecer tudo à volta", pensou Sophie, "então eu quero saber o que a torna tão maravilhosa."

Mas havia um problema. Era o fim dos anos 1700, e naquela época diziam que as raparigas não deviam estudar matemática. Deviam tricotar, cozinhar e escrever poesia, não pensar nos segredos do universo. Só que Sophie? Sophie *também escrevia...* mas escrevia em equações.

À noite, quando a casa ficava silenciosa e a família achava que ela estava a dormir, Sophie saía devagarinho da cama, acendia uma vela e fazia matemática debaixo das mantas. Os pais apanharam-na uma vez e tiraram-lhe as velas, na esperança de que ela parasse. Mas Sophie não parou. Ela arranjou mais velas.

Quando ficou mais velha, Sophie queria aprender ainda mais. Mas a grande escola de Paris, a École Polytechnique, não aceitava mulheres. Então Sophie teve uma ideia genial: pegou emprestado o nome de um antigo aluno, Monsieur LeBlanc, e começou a enviar os trabalhos de casa pelo correio!

Os professores ficaram espantados com a qualidade do trabalho "dele". Um dia, ela escreveu ao famoso matemático Carl Friedrich Gauss. Ele ficou tão impressionado com as ideias que respondeu a elogiar a mente brilhante e o entendimento profundo daquela pessoa. Ele não fazia ideia de que Sophie era uma mulher, até que, durante um tempo de guerra, um homem bondoso lhe contou. Gauss ficou surpreendido e encantado. Disse que poucos homens conseguiam igualar o talento dela.

Mas Sophie não fazia matemática por aplausos. Fazia porque tinha perguntas. Estudou teoria dos números, a pensar por que razão alguns números pareciam "dançar" juntos enquanto outros ficavam sozinhos. E depois fez um novo tipo de pergunta "porquê":

Porque é que placas de metal vibram em padrões tão bonitos quando lhes batemos?

Essa "música do metal" não era só interessante, era um mistério. Os cientistas andavam há anos a coçar a cabeça. Sophie trabalhou mais de uma década nesse problema. Continuou mesmo quando outros desistiram, e finalmente encontrou uma resposta tão importante que ajudou a construir a ciência da elasticidade.

Elasticidade é o estudo de como as coisas dobram, esticam e vibram.

Quando entrou num concurso para resolver o problema, não ganhou à primeira. Mas isso parou-a? Claro que não! Ela reviu, melhorou e tentou outra vez. Da segunda vez, ganhou.

Sophie Germain nunca deixou de perguntar "porquê". Nem quando os pais mandaram parar. Nem quando a sociedade disse que não. Nem quando os problemas ficaram difíceis. A curiosidade dela levou-a mais longe do que qualquer pessoa esperava, e hoje matemáticos em todo o mundo ainda estudam o seu trabalho e admiram a sua coragem.

Por isso, se alguma vez te perguntares porque o céu é azul, porque os números se comportam de forma tão estranha, ou porque uma corda de guitarra vibra daquele jeito... lembra-te: estás a seguir as pegadas de Sophie Germain, a mulher que perguntou "Porquê?" vezes sem conta, e mudou o mundo com as suas perguntas.

Paul Erdős: O Homem que Amava os Números Mais do que o Sono

A maioria das pessoas leva uma mochila para a escola. Paul Erdős levava um cérebro cheio de matemática... e pouco mais. Ele nasceu na Hungria, em 1913, e, quando tinha apenas quatro anos, já fazia contas que deixavam adultos a suar. Se lhe dissesses a tua data de aniversário, ele dizia-te num instante quantos segundos de vida já tinhas! Quem precisa de calculadora quando se tem um cérebro movido a matemática?

Ilustração 38: Paul Erdős a aparecer à porta de alguém

Mas Erdős não ficou por aí. À medida que cresceu, ficou cada vez mais fascinado pelos números, especialmente pelos números primos (os que só podem ser divididos por 1 e por eles próprios, como 2, 3, 5 e 7). Para ele, os primos eram como pequenas ilhas solitárias no mar dos números, e ele queria descobrir os seus segredos.

Agora vem a parte divertida: Paul Erdős não "assentou" como quase toda a gente. Não comprou casa nem carro. Não casou nem teve filhos. Em vez disso, tornou-se um nómada da matemática! Viajou pelo mundo com apenas uma mala, visitando outros matemáticos e batendo-lhes à porta para dizer: *"O meu cérebro está aberto."*

Isso, em "código Erdős", queria dizer: "Vamos fazer matemática juntos!"

Ele era como um super-herói da matemática, aparecendo para ajudar a resolver os puzzles mais difíceis. Escreveu mais de 1.500 artigos, mais do que quase toda a gente na história da matemática, e trabalhou com mais de 500 pessoas! Se colaborasses num artigo com Erdős, ganhavas o que ficou conhecido como um número de Erdős. Se trabalhasses com alguém que trabalhou com Erdős, o teu número era 2. Se essa pessoa trabalhou com outra... o teu número podia ser 3, e por aí fora. Quanto menor o teu número de Erdős, mais perto estavas da magia matemática dele!

Ele também inventou a sua própria linguagem engraçada. Chamava às crianças "épsilons", por causa da letra grega ε, que na matemática pode significar "uma coisinha pequenina".

Erdős também nunca desistia. Ele acreditava que, algures lá no céu, existia um livro perfeito, O Livro, onde estavam escritas todas as provas matemáticas mais elegantes e bonitas. Sempre que resolvia um problema de forma especialmente inteligente, ele imaginava que aquela ideia tinha vindo diretamente de O Livro.

Ele não ligava ao dinheiro. Dava quase tudo a estudantes, a concursos de matemática, ou a amigos que precisavam de ajuda. Dormia em quartos de hóspedes e em sofás. Viveu "dentro" de uma mala até ao fim, a viajar, a pensar, a resolver e a partilhar.

Quando Erdős morreu, em 1996, ainda estava a trabalhar em problemas de matemática.

A história dele lembra-nos que a matemática não é só números, é *alegria*, *amizade*, *curiosidade* e *brincadeira*. Paul Erdős não fazia apenas matemática... ele *amava-a* com o coração todo.

Por isso, da próxima vez que resolveres um puzzle difícil, ou que te perguntes o que vem a seguir num padrão, ou que encontres um número que parece especial... imagina Erdős a tocar-te no ombro e a sussurrar: **"O meu cérebro está aberto."**

Leonhard Euler: O Mágico da Matemática

Vamos viajar uns bons séculos para trás, até uma cidade na Suíça, onde um rapaz chamado Leonhard Euler andava ocupado a fazer algo em que a maioria das crianças nem pensava: fazia matemática por diversão.

Enquanto outras crianças jogavam às berlindes ou inventavam brincadeiras, Leonhard brincava com números, formas e símbolos. Ele adorava perguntar: "E se...?"

Ilustração 39: Leonhard Euler e as suas fórmulas

- E se ligares cada canto de uma forma com uma linha?
- E se os números pudessem voar pelo espaço como setas?
- E se tentares atravessar todas as pontes da cidade uma vez só, sem voltar atrás?

Cada pergunta que ele fazia era um puzzle, e Euler era um mestre dos puzzles!

À medida que cresceu, o amor dele pela matemática não diminuiu. Pelo contrário: explodiu! Ele resolveu problemas que ninguém conseguia resolver. Descobriu maneiras completamente novas de fazer matemática, e muitas delas ainda são usadas todos os dias!

Aqui vão apenas alguns dos "superpoderes" matemáticos dele:

- **O número e**: é tipo o "molho secreto" da matemática. Euler ajudou a mostrar porque é tão importante, e até ficou associado ao nome dele!
- **A fórmula de Euler**: uma ponte mágica que liga linhas, curvas, ângulos e até círculos. Há quem diga que é a equação mais bonita do mundo.
- **Teoria dos grafos**: ele perguntou: "Como atravessar as sete pontes de uma cidade sem atravessar a mesma duas vezes?" Essa ideia lançou um novo ramo da matemática (e abriu portas para áreas como a topologia).
- **π (pi)**: sim! Ele encontrou maneiras engenhosas de calcular π com imensos e imensos algarismos.

Quando Euler tinha cerca de 59 anos, aconteceu algo triste: ele ficou completamente cego. Mas ele parou de fazer matemática? Nem pensar!

Ele simplesmente passou a imaginar tudo na cabeça. Conseguia ver equações gigantes a rodopiar no espaço, imaginar formas a dançar e resolver puzzles difíceis sem escrever uma única linha. A habilidade matemática dele era tão forte que não precisava de papel. Não precisava de visão. Vivia na mente e no coração.

O segredo de Euler não era magia, era prática, persistência e espírito de brincadeira. Ele gostava de pensar a sério. Adorava fazer o mundo "fazer sentido" com números.

Por isso, se tu:

- Gostas de resolver enigmas
- Fazes grandes perguntas do tipo "E se...?"
- Gostas de mexer, testar e tentar outra vez

Então, meu amigo, estás a pensar como Leonhard Euler, um verdadeiro mestre da matemática!

James Clerk Maxwell: O Mestre dos Padrões Escondidos

Numa parte tranquila da Escócia, onde as colinas ondulam como ondas do oceano e as ovelhas pintilham os prados como marshmallows, um rapaz chamado James cresceu a fazer perguntas. Perguntas profundas. Não apenas "Porque é que o céu é azul?", mas "De que é feita a luz?" e "Será que coisas invisíveis também têm regras?"

James não era barulhento nem exibicionista. Era gentil, cuidadoso e curioso, curioso de um jeito que nunca desligava. Se lhe desses um puzzle, ele torcia-o, virava-o, punha-o de pernas para o ar e até inventava novos puzzles só para compreender melhor.

Ilustração 40: James Clerk Maxwell a dividir a luz

Enquanto outras crianças corriam pela floresta, James parava para observar como um feixe de luz saltava num vidro de janela, ou como as limalhas de ferro "dançavam" à volta de um íman. Ele queria saber não apenas o que acontecia, mas como, exatamente, aquilo funcionava.

Isto chama-se *domínio técnico*: quando alguém fica tão bom numa coisa que consegue ver os detalhes mais pequenos e usá-los para construir algo poderoso. E James Clerk Maxwell foi um mestre como poucos.

James estudava matemática como um artista estuda pinceladas. Onde os pintores misturam cores, Maxwell misturava números e formas. Ele acreditava que a matemática podia descrever tudo, até o que não conseguimos ver. E ele tinha razão.

Uma das suas maiores conquistas foram as Equações de Maxwell. Podem soar complicadas, mas na verdade são como um mapa que mostra como a luz, a eletricidade e o magnetismo estão todos ligados. Ninguém tinha demonstrado isso daquela maneira antes.

Foi como se Maxwell tivesse puxado a cortina do universo e dissesse: "Olhem! Estas forças em espiral seguem regras lindas. E aqui estão elas, escritas em quatro pequenas equações."

Gostas de ligar uma lanterna? Ver vídeos no tablet? Ouvir o trovão depois do relâmpago? Tudo isso envolve ondas eletromagnéticas, exatamente aquilo que Maxwell descreveu há mais de 150 anos.

Na verdade, sempre que acendes uma luz, envias uma mensagem, ou te ligas ao Wi-Fi, há um bocadinho do génio de Maxwell a trabalhar nos bastidores.

Até Albert Einstein, um dos cientistas mais brilhantes da história, disse uma vez que tudo o que ele fez era como "estar aos ombros de gigantes", e um desses gigantes era James Clerk Maxwell. Einstein tinha uma fotografia de Maxwell na parede, não porque ele fosse famoso, mas porque era brilhante de um modo silencioso.

James não construiu foguetões. Não ganhou medalhas. Ele simplesmente estudou o universo com tanta atenção, tanta precisão, que revelou segredos que ninguém tinha visto antes.

Por isso, se gostas de resolver puzzles, encontrar padrões, ou desenhar esquemas que ajudam o mundo a fazer sentido, então tens um bocadinho de James Clerk Maxwell em ti. Porque às vezes, ser mestre não é fazer mil coisas. É ter domínio técnico: fazer uma coisa perfeitamente bem, e mudar o mundo por causa disso.

Outros livros de David E. McAdams

Introdução aos números
As Estações de Anna – Explore o mundo, uma estação e um número de cada vez!
O Livro dos Números dos Alienígenas – Apresenta os números às crianças em idade pré-escolar usando uma galáxia de

alienígenas bizarros e coloridos, vindos dos cantos mais distantes da imaginação.

O Livro dos Números dos Dragões – Uma jornada encantadora e educativa pelos números, que ganha vida com dragões.

O Livro dos Números dos Duendes – Uma jornada encantadora e educativa pelos números de 0 a 10, que ganha vida com ilustrações de duendes incrivelmente realistas.

O Livro dos Números Caipiras – Um livro hilariamente cativante que combina conceitos básicos de matemática com o humor excêntrico da cultura caipira.

O Livro dos Números das Fadas – Convida os leitores para uma jornada fantasiosa pelo mundo das fadas e dos números.

O Livro dos Números dos Unicórnios – Belos unicórnios apresentam os números de 0 a 10.

O Livro dos Números dos Caminhões – Uma jornada encantadora e educativa pelos números de 0 a 13, que ganha vida com ilustrações de caminhões incrivelmente realistas.

Aritmética

Kit de atividades para aprender com dinheiro de brinquedo – Aprenda a contar, somar, multiplicar e lidar com números grandes usando dinheiro de brincadeira (incluído).

Introdução às cores

Cores dos Papagaios – As crianças embarcam em uma jornada pelos tons brilhantes da natureza, tornando o aprendizado dos nomes das cores uma experiência alegre e imersiva.

Cores das Flores – Descubra a beleza das flores coloridas enquanto aprende os nomes das cores.

Cores das Pessoas – um livro vibrante e envolvente, criado para ensinar nomes de cores às crianças em idade pré-escolar, enquanto celebra a beleza da vida.

Cores da Realeza – Apresenta às crianças o mundo das cores com ilustrações vívidas de príncipes e princesas.

Cores do Cosmos – Embarque em uma jornada pelos tons brilhantes do universo.

Geometria

Meus Fractais Favoritos (Volumes 1, 2) – Uma celebração visual da beleza matemática, um deslumbrante reino de cores em espiral e simetria infinita.

Labirintos aos Montes! – Uma coleção empolgante com 241 labirintos para entreter, desafiar e encantar os amantes de quebra-cabeças.

Formas – Uma introdução visual divertida e envolvente às formas básicas e avançadas.

Planificações de poliedros - Livro de projetos – 80 planificações de poliedros podem ser recortadas e dobradas em objetos geométricos tridimensionais, garantindo horas de diversão fascinante!

Livros inspiradores

Se Eu Tivesse um Monstro – Monstros representam as pessoas que amam e convivem com as crianças, ensinando sobre a vida em família.

Escada para as Estrelas – Em uma aldeia tranquila, um menino sonha em caminhar até as estrelas.

Crescendo, Crescendo e Crescendo – uma história comovente que leva os leitores a uma jornada pelos muitos estágios da vida – da empolgação de crescer até a serenidade da velhice.

Teoria Matemática

Números – Os números nos dizem quantos, quanto tempo e quão longe, ajudando-nos a dar sentido ao mundo.

O Que é Maior do que Qualquer Coisa? (Infinito) – Quão grande é o grande? Até onde você pode ir? Estique a sua imaginação até o infinito!

Conjuntos de Balanços (Teoria dos Conjuntos) – Um primeiro olhar sobre conjuntos na matemática.

Para o entusiasta de matemática

O Primeiro Milhão de Algarismos de Pi – Celebre o número irracional pi com um milhão de algarismos.

Para obter a lista atualizada de livros de David E. McAdams, consulte https://lifeisastoryproblem.tripod.com/aauthor/portuguese.html.

www.ingramcontent.com/pod-product-compliance
Lightning Source LLC
Chambersburg PA
CBHW050043080526
44586CB00014B/1436